社会人1年目の心の教科書

これからの社会に出るなかで必要な5つの考え方

あおばグループ代表　尾林 功二

クロスメディア・パブリッシング

はじめに

社会に役立つような人間になる

●「コトの時代」の仕事とは

かつて「モノ」の時代がありました。

戦火に焼かれた日本は、復興の過程でたくさんのモノをつくり、モノを買い求めました。社会人になればマイカーを、結婚すればマイホームを持つのが、人々の目標。モノのために、日本人はガムシャラに働きました。

その甲斐あって、日本は高度成長を遂げ、大量生産・大量消費の世の中がやってきました。マイカーとマイホームは未だに高価かもしれませんが、便利な電化製品や美味しい料理が、驚くような安価で手に入ります。

それは「モノを手に入れるだけでは満足できない」時代ともいえるでしょう。

モノに代わって、強く求められるようになったもの。それが「コト」です。

今は「コト」の時代です。

目に見えるモノではなく、目には見えない「コト」のためにお金を使うことを、人々は求めています。飲食店は料理が美味しくて当たり前。美容室はカットが上手くて当たり前。治療院に行けば痛みがとれて当たり前。そんな時代にあって、人々の心を動かす仕事には、何が必要なのでしょう。

ある人には、それは「誰かの温かい心遣い」かもしれません。

例えば、階段を上がる時にお店の人が荷物を持ってくれた。雨の日に傘を貸してくれた。お店の外まで見送りに来てくれた。どれも些細な「コト」ですが、そこに心が込められていたら、お客様に響き、お客様の心と身体を元気にする可能性があります。

逆に、どれほど優れたモノが手に入ったとしても、「蔑《ないがし》ろにされた、大事にされなかった」という思いを抱いたら、お客様の心は酷く傷つくことでしょう。

そのような「コト」の時代において仕事とはどうあるべきだろう。
私たち社会人は、仕事を通じて何をお客様に提供するべきなのだろう。

私はそう自問自答しないではいられません。

はじめまして。あおばグループ代表の尾林功二です。

私は神奈川県鎌倉市で、鍼灸整骨院などを営んでいます。現在、札幌から沖縄まで全国50店舗以上の整骨院を運営し、たくさんの患者様に利用していただいています。整骨院も、「コト」の時代に大きく仕事内容が変わった業態のひとつです。

モノの時代であれば、鍼灸院や整骨院はただ「身体の痛みをとる」だけで喜ばれたかもしれません。

ですが、「身体の痛みをとる」だけの整骨院なら、もうすでにたくさんあります。

そんな時代に、多くの患者様に選んでいただくには、何が必要か。

例えばそれは、一人ひとりの患者様としっかり向き合うことかもしれません。

身体の痛みをとるのはもちろんのこと、「お子さんの風邪、良くなりましたか」などとお声がけをしながら、人間対人間のお付き合いをする。そんな小さな気遣いに、患者様が喜んでくださるのを、私たちは実感しています。

私が「コト」について考えるようになったのは、整骨院が人を非常に大切にする仕事だからかもしれません。

一般的に、病院は「症状」を診て治療するところです。

一方、整骨院は症状の裏側にある原因を探り、患者様の生活の質を向上させることに重きを置きます。痛みの原因次第で適切な治療法は変わりますし、生活習慣を根本から見直さなければすぐ再発する恐れもあるからです。

そのため整骨院では、病院よりも問診の時間を長くとるのが常です。必然的に患者様の暮らしぶりやご家族、ご趣味など、治療とは直接関係のないお話も多くうかがうことになります。お互いに親しみが湧いてくると、「あの患者さん、痛みはもう引いたかな」と、診療時間外に電話をかけることもしばしばです。

治療家として真剣に仕事をすればするほど、治療とは無関係の会話が増えていくのですから、不思議なものです。

しかし、患者様はそれを求めているのだと、私は確信しています。

「あなたに出会えて、本当に良かった」

そう言ってくださった患者様を、私は生涯忘れないでしょう。患者様の心を震わせる「コト」を提供できた時、私たちの心もまた、震えるのです。

私たちの使命は、モノではなく、「コト」を提供すること。

そのために、スタッフを治療家としての専門技術のみならず、「コト」を提供できる豊かな心を持った人間に育てること。

私はそう思い、スタッフと共に学びながら、一人でも多くの方の喜びと幸せづくりのために、力を尽くしています。

●「社会人」になるためのマインドがある

本書は、これから社会人になるあなた、あるいは社会人になったばかりのあなたに向けて、社会人に欠かせない「心（マインド）」を解説する本です。

そう、社会人には、社会人のためのマインドがあります。

「モノよりコト」を大事するのも、その一例です。

もちろん、会社に入れば会社のルール（社則）を学びます。

また、ビジネスマナーを学ぶ研修や、具体的な業務を学ぶ研修が用意されている会社も少なくないはずです。ところが、「社会人」としてのマインドを学べる機会があるかというと、これが案外見当たらないのです。

社会人としてのマインドとは何か。それは「社会の役に立つ」ことを第一に考えるマインドです。

「自分のため」を考えていれば良かった学生時代とはうってかわり、「人のため、社会のため」に行動する。お客様や仲間たちのために自分の力を発揮し、人に幸せをもたらすことに、何よりの喜びを感じる。お金もやりがいも、「社会の役に立つ」ことの対価として、受け取る。それが社会人というものです。

社会人マインドは、社会の一員として生きていく際に必要な「ルール」のようなものでもあります。ルールと聞くと「縛られるもの」「窮屈なもの」というネガティブなイメージを持つ人も多いかもしれませんが、それは誤解です。ルールは本来「自分を守る」ために存在しています。社会人としてのルールを守らなければ、社会人として健全に成長することができません。

社会人マインドをセットする機会がないままに働き始めたら、どうなってしまうでしょう。それは、交通ルールを知らないまま道路で車を走らせるぐらい危険なことです。社会人として当然求められる言動ができなくては、成果が出せません。周囲の期待にも応えられず、強いストレスを感じるはずです。これでは「社会の役に立つ」どころではありません。近年問題になっている若手社員の早期退職やメンタルブレイクの一因もそこにあると私は睨んでいます。

学校に校則があるように、また野球部には野球部のルールが、バスケットボール部にはバスケットボール部のルールがあるように、あるコミュニティに所属するからには、そのコミュニティ特有のルールを学び、従う必要があるのです。

「いつまでも学生気分ではいけない」

そんな言い方をしたら、お説教のように聞こえてしまうかもしれません。

しかし、社会人になったからには学生時代とは違う考え方や行動が求められるのは、否定しようのない事実です。

●「自分のため」から「社会のため」へ

本来なら、社会に出る前に、高校や大学などの教育機関が、社会人マインドを教えるべきなのかもしれません。また、ひと昔前であれば、両親や祖父母、あるいは同じ町で暮らす大人たちから、「社会人とはこういうもの」と教わる機会があったはずです。しかし両親は共働きで忙しく、ご近所付き合いも希薄となった今、それも難しくなっています。

では、どうするか。これから社会に出ていく若者たちに社会人マインドを教育するのは、社会人としての先輩である、私たちの役目なのだと思います。

私自身、社会人マインドを学ばずに社会に出て、苦労した人間の一人です。

私は、仕事の何たるかを何も知りませんでした。新卒で入社した会社を2年で退職したのは、仕事に熱いものを感じられず、単調な日々に飽き飽きしたことが原因でした。しかし、社会人マインドが備わっていたら、私はもっと頑張れていたと、今ならわかります。

恩師の勧めで鍼灸整骨院を開業した際も、特別に高い目標や情熱があったわけではありません。

それでも、「自分の整骨院を地域ナンバーワンの繁盛院にする」ことを目標に必死に働いたのですが、その目標を達成した途端に、燃え尽きてしまいました。自分は何のために働き、生きるのか。その答えを見失ったのです。

その後、私はさまざまな勉強会に参加し、多くの人に出会うなかで、「多店舗展開」という新しい目標を見つけました。

以前の私は、学生マインドのまま、「自分さえ成功すればいい、成長すればいい」としか考えていませんでした。でも私一人が成功したところで、私一人が幸せになるだけ。その時に気づいたのです。多店舗展開をするには、「自分のため」を超えて、世のため人のために働く必要がある、と。

あおばグループの理念として、

・地域のみなさまを心身共に元気にすること

・地域のみなさまの健康寿命を延ばすこと

・地域社会のつながりを創ること

を掲げたのも、そのためでした。

また、スタッフを含めた「チーム」としての成長も不可欠です。どんなに素晴らしい技術や知識も、それを使うのは人間です。社会人マインドを身につけ、人間力を高めなければ、技術も知識も宝の持ち腐れに終わってしまうでしょう。こういった考えから、社員教育の体系化に着手し始めました。

本書にまとめた内容も、あおばグループの社員研修がベースとなっています。

若者たちが社会人マインドを学ぶ機会がないのであれば、私たちの手でつくればいい。私たちが学んだことを、若者たちに継承してもらうことも、社会人としての大切な役目。今はそう考えています。

●「あるもの探し」をして成長する

あなたはこれから、学生時代とは違う、さまざまな経験を積み重ねることになります。そのなかには、楽しいこと、嬉しいことも、たくさんあるはずです。

一方で、辛いこと、苦しいことも、同じぐらいたくさんあるでしょう。学生マインドと社会人マインドのギャップに直面し、自分に足りないもの、できないことを痛感して、「もう会社を辞めてしまおうか」と思い悩むこともあるかもしれません。

でも、きっと大丈夫です。

私は「あるもの探し」という言葉が好きです。

自分に「ないもの」を探すのではなく、「あるもの」を探して愛おしむことが、人生をポジティブに生きる秘訣。そんな意味です。

私たちは、人類史上最も豊かな時代を生きています。別の国、別の時代には、私たちの想像もつかない苦しみが存在することを思えば、私たちがどれだけ恵まれた存在か、よくわかるのです。

私たちには、学ぼうという意思さえあれば、学べるチャンスがあります。変わろうと思えば、変われるチャンスがあるのです。

今の自分に足りないものがあるとしても落ち込むことはありません。これを機会に過去の自分をリセットし、社会人としてふさわしいマインドと行動を身につければいいだけです。

これから自分が社会人としてどんなふうに成長していくか、想像してみてください。身体は立派な大人でも、社会人としてのあなたの人生はまだ始まったばかり。自分の可能性を、信じてください。これからの生き方次第で、未来はいくらでも変えられる。希望は、生きる力になるのです。

本書が、そんな素晴らしい未来への第一歩になることを、私は願っています。

あおばグループ代表　尾林 功二

★★First year in the workforce★★

社会人1年目の
心の教科書

目次

★Contents★

序章

これから社会に出るなかで必要な5つの考え方

Contents

第1章

社会人になったらまず覚えておいてほしいこと

第2章 仕事とはプロとしてお金をもらうこと

Contents

★First year in the workforce★

第4章 より人間力を高めるために必要なこと

Contents

第5章

成長マインドをセットアップしたその先に

Contents

First year in the workforce

序章

これから社会に出るなかで必要な5つの考え方

「社会人マインド」を身につけるなかで、基本的な5つの考え方である「自責・成長・貢献・信頼・感謝」についてまずはじめに紹介します。この後の章のベースにもなる考え方で、それぞれの言葉の意味だけではなく、本質的な理解がしっかりとできるように読み進めましょう。

自責　「他責の3D」に要注意

社会人に求められる第一のもの。それは「自立」です。

自立とは、精神的および経済的に独立することを意味します。

経済的な自立であれば、イメージするのはたやすいでしょう。「人に頼らず、自分が稼いだお金で生活する」ということです。

では、精神的な自立とは何か。

それは、**すべての責任は自分にあるという「自責」の態度を持つこと**です。

学生のうちはいつも、両親や先生など自分の代わりに責任をとってくれる大人が周りにいたはずです。困ったことが起これば、他人に責任を押しつけることもできたかもしれません。こうした態度を「他責」といいます。

しかし、社会に出ると、自分の代わりに責任をとってくれる大人はいなくなります。あなた自身が社会を良くする当事者となり、責任を負う範囲が一気に広がります。

大切なのは、これを「大変だ」と思わず、成長の機会としてポジティブに受け止めることです。どんなことも自分次第。そう思えばこそ、多くの経験を積み、社会人としての能力を高めていこうという意欲が湧いてくるからです。

例えば、「お客様からの評価が悪かった」時に、

「上司の指示通りに仕事をしたのに」

と人のせいにする人と、

「確かに気遣いが足りなかった、お客様の指摘は当然だ」

と、「自分ごと」に捉える人では、どちらの成長が早いか。答えは明らかです。

もちろん、自分の力が及ばない場面も多々あるでしょう。しかし、自責のマインドがあれば、「自分に足りないものを、どうすれば身につけられるのか」「アドバイスがほしい時は、誰に話を聞けばいいのか」など、次の一手を考えられるはず。十分な能力を身につけるのに、さほど時間はかからないと思います。

反対に、他責に走る人が成功にたどり着くことは、まずありません。

他責の人の特徴は、**「でも」「だって」「どうせ」**という言葉が多いことです。私はこうした言葉を**「他責の3D」**と呼んでいます。厳しいようですが、3Dは社会人の言葉とはいえません。まだ自立前の、子どもの言葉です。

社会人にふさわしい自責のマインドを身につけるため、「3D」を口にしないことから、始めましょう。

「過去と他人は変えられない」とよく言います。

変えられるのは自分自身と未来だけ。それならば自分の成長と、成長した自分が活躍する未来にだけフォーカスするのが、幸せに生きる近道です。他責の態度でいるうちは、自分が置かれた状況が改善することはないと心得ましょう。

もちろん、人間なら言い訳をしたくなることもあります。

私自身そうです。物事が順調に進み、気持ちに余裕がある時はいいのです。「どんな苦難も自分の力ではねのけてやろう」と前向きでいられます。

でもトラブルが続き、何をやってもうまくいかない状況に追い込まれると、気持ちが弱くなるのか、つい他責に助けを求めたくなるのです。

そう考えると、他責は自分の心を守ろうとする自己防衛本能に裏打ちされているようにも思えてきます。

しかし、それでも自責に踏みとどまってほしいのです。自責と他責という言葉を覚えていたら、「あ、今自分は他責のマインドに逃げているな……」と自覚できるかもしれませんし、後になって、「あの時、自責にするべきだった」と反省できるかもしれません。

そんな小さな気づきを繰り返しながら、他責から自責へとマインドを切り替えていきましょう。

成長　現状維持は「衰退」のはじまり

個人にも会社にも、「成長・衰退・現状維持」の3つの道があります。あなたならどの道を選ぶでしょうか。

衰退は論外です。しかし現状維持も現実的には難しいと言わざるを得ません。たとえ自分が100の力を維持していても、周囲が成長し150や200の力を持った誰かが続々と現れるのだとしたら、衰退と変わらないからです。したがって、私たちが歩む道は「成長」以外にはありえない、ということになります。

成長とは、「できないことができるようになる」ことだと、私は思います。

成長にも技術的な成長と人間的な成長がありますが、社会人マインドという意味で大切なのは、人間的な成長のほうです。

それでは、人間的な成長とは何か。

さまざまな考え方があると思いますが、私は、「自分の周りに幸せの数を増やすこと」だと思っています。

自分が成長するほど、たくさんの人に喜びを与えられる存在になる。社会人としてこれほど嬉しいことはありません。会社のなかでの評価や報酬も、結局のところ、どれだけ多くの人を幸せにしたかで決まるのです。高い給料がほしければ、まずは自分が成長するのが先決。そう考えてみてください。

成長の先にこそ、幸福な人生が待っているのです。

注意が必要なのは、ここでいう成長とは必ずしも「成功」を意味しないということです。成長したからといって経済的な成功を収めるとは限りません。

しかし、「できないことができるようになる」過程で積み重ねた経験は、人生における貴重な財産です。それは時にお金以上に価値のあるものとして、これからのあなたの人生を支えてくれるものになるでしょう。身体の成長はある年齢で止まるものですが、人間的な成長には際限がないのです。

難しいのは、大人になると自分が成長している実感を味わう機会が減っていくことです。子どものうちは、周りにいる大人たちが成長を褒めてくれます。

しかし社会人になると、そんな大人に恵まれるとは限りません。数字などわかりやすいモノサシで測れる成長ばかりでもないですし、人事考課があるといっても年にたった数回のことです。そのせいで、せっかく成長しているのに、自分の成長に気がつかない恐れが出てくる。せっかく成長したのに、それを喜びに変えられないのは、もったいないことです。

そんな時は、「振り返り」をしてください。

忙しい毎日のなかでも、時には立ち止まり、過去の自分と今の自分とを、比較してみるのです。自責のマインドを身につけたか。自分の周りに幸せの数を増やせているか。そう自分に問いかけてみてください。

自分が置かれている環境も振り返りましょう。自分が成長していれば、同じように成長を続けている仲間たちに恵まれているはず。

明るい未来にワクワクできているのなら、同じく明るい未来に向かっている仲間に囲まれているでしょう。逆に、付き合う仲間が何年も代わり映えしていないのは、自分の成長が停滞している証拠です。

仕事の内容も、同様です。1年前と比べて、レベルの高い仕事ができていますか。「何だか簡単だな」と思うようなら要注意です。

本当に自分が成長しているなら、それに合わせて手掛ける仕事の難易度も上がっていなくてはおかしい。ロールプレイングゲームに例えるなら、いつまでも「スライム」のような弱いモンスターとばかり戦っているのかもしれません。

成長は変化と共にあります。いつまでもスライムを相手に戦いを繰り返しているようでは、成長したとはいえないのです。

貢献 「利他の輪」を広げていく

社会人の務めは社会の役に立つこと。「他人の役に立とう」とする心から、社会貢献は始まります。言葉を変えれば、これは「利他」の心です。

利他とは元々仏教の用語で、「功徳《くどく》や利益《りやく》を施して、人々を救済すること」という意味です。私はこの言葉を、「自分の行いで社会や他人を思いやる」という意味でも解釈しています。

学生から社会人になったばかりでは、「社会のため」と言われてもピンと来ない人がいても不思議ではありません。**自分のためだけに生きていられるのが学生時代**だからです。

あおばグループの新人も、最初は「利他」という言葉を頭で覚えることから始まります。その後、現場で経験を積んでいくうちに、

「ああ、これが利他か。尾林代表がうるさく語っていたのはこれか」と、心で理解できるようになっていきます。

言葉は、その意味を頭で覚えるだけでは、本当の意味で理解したとはいえません。言葉の意味と、自分の経験とが重なり合った時に初めて、言葉は心にいつまでも残り、人生を支えてくれる財産になるのです。

「人間は本来、利己的な生き物だ」という考え方もあります。他人よりも自分の利益を優先し、そのために行動をする。それも人間の一側面であるのは確かだと思います。

しかし同時に、人間ほど利他的な行動をとる生き物もいません。一度でも体験してみれば、それが難しいことでも珍しいことでもないことがわかると思います。

利他の心は、他人を思いやる心であり、「他人のため」を第一に考える心です。しかし同時に、**他者の喜びを自分の喜びとする心**でもあります。つまり、貢献とは喜びを与えると同時に、受け取る行為でもあるということ。「貢献」とは、自分が与えるばかりの、損な行為ではないのです。

「自分さておき人様に、己忘れて精魂尽くす」

という言葉があります。私はこの言葉が大好きです。

喉が渇いている人がいれば自分の飲み物を差し出す。電車から降りる時も、他人を優先。職場に一人残業をしている仲間がいれば、「手伝えることはない？」と一声かける。

どれも自分よりも相手を優先する行為ですが、一方的に「与える」だけの行為ではありません。「ありがとう」「助かったよ」といった言葉を受け取ることで私たちは嬉しくなり、「また人の役に立つことをしよう」というモチベーションが高くなります。**利他の心を持って行動すると、人に喜ばれ、感謝される。**社会人にとって、これは最上の喜びです。

利己的行動は、自分のみが幸せになるだけ。しかし利他的行動は、自分と他人を一緒に幸せにする可能性があります。だからでしょう。利他的行動には、自分のみならず、周りの人々を含めた環境すべてを好転させる力があります。

そして、利他には伝播していく力があります。

人間は、他者の感情に共感する能力を備えています。他者が苦しみ悲しんでいれば、それを軽減したいと思い、あるいは他者が喜んでいれば、同じように喜びたいと願うのが一般的な感情です。

私は、利他の心に基づいて行動していくことで生まれる「利他の輪」が社会人にとって大切であると考えています。

「利他の輪」は、他人を思いやる行動を伝播させ、幸せな気持ちを広げていきます。

他人が発した利他の輪に触発されるのもいいですが、できれば自分から、利他の輪を広げていきましょう。

自分一人ではなく、そこにいるみんなで幸せになるために、です。

信頼　「信用」より「信頼」をまず積み重ねたい

世の中は「信頼」で動いています。信頼がなければ、人と人とは手をとり合えず、したがって経済や社会の機能を維持することもできません。家族、友人、同僚、取引先など、人間関係の基盤となるものも、また信頼です。

ここで立ち止まって考えていただきたいことがあります。「信用」と「信頼」の違いは、何だかわかるでしょうか。

「大辞林」を紐解くと、「信用」については次のように解説されていました。

・人の言動や物事を間違いないとして、受け入れること
・間違いないとして受け入れる。人や物事の持つ価値や評判

一方、「信頼」についての解説が、次の通りです。

・ある人や者を高く評価して、すべてを任せられるという気持ちを抱くこと

私はよく人に説明する際は次のように伝えています。

信用は、これまでの行為や業績実績に基づく評価のこと。

信頼はその人の人柄や考え方、立ち振る舞いに重きを置いた評価のこと。


もちろん、信用も信頼も、どちらも大切です。

しかし、社会人になりたての頃、どちらをより強く意識すべきかといえば、信頼だと私は思います。仕事で実績を上げるのはこれからであり、信用に足るものは何もないのが新社会人です。評価される対象は人間性しかないのです。

「この人となら安心して、一緒に働ける」

「この人から、商品（サービス）を購入したい」

そんなふうに思ってもらえるよう、最低限心がけてほしいことを、3つ挙げたいと思います。

まずは、嘘をつかないこと。これはもう、当たり前のことです。

次に、挨拶・返事をしっかりすること。相手の目を見て、元気よく笑顔で挨拶をしましょう。挨拶とは、相手の存在を認め、敬意を払い、相手に対して心を開く行為です。挨拶は信頼関係づくりの第一歩。自分から心を開いてこそ、相手も心を開いてくれるものです。

たとえ相手が挨拶や返事をしてくれなくても、自分から積極的に挨拶しましょう。そして返事とは意思確認のための行為です。何か言われたら、「はい！」「かしこまりました！」と相手に伝えましょう。

最後に、素直さです。心を開き、人の話を聞きましょう。素直さを忘れなければ、人はいつまでも謙虚に、学び続けることができます。

技術面でどれだけ未熟でも、この3つは最初から心がけてください。そうして人間としての信頼を築き、着実に仕事を積み重ねていれば、信用は後から必ずついてきます。

感謝　感謝のないところに幸せは訪れない

「感謝の気持ちが大切」と、人はよく言います。それでは、なぜ感謝が大切なのか、考えてみたことがあるでしょうか。

私は、こう思います。

「感謝をすると、幸せを感じられるから」

「感謝が人間を成長させるから」

「有難う（ありがとう）」という言葉を思い出してください。

本来なかなか起こらないことだからこそ、「有り難い」と書き、感謝の気持ちが湧いてくるのです。**私たちの周囲にあるものはひとつ残らず、当たり前のものではありません。**蛇口を捻るだけで出てくる水も、電気も、食料も、同じです。

すべての背景には、そのために頑張っている誰かの存在があります。

そう思えばこそ、自然と感謝の気持ちが湧いてくるのです。

一方、「ありがとう」という気持ちの反対は、「当たり前」です。何事も「当たり前」だと思うと、感謝の気持ちは失われていきます。自分が恵まれているのに気づかず、「あるもの」の有り難さよりも、「ないもの」ばかりが目につきます。

これは危険な状態です。あれがない、これが足りないと、不平不満ばかりを溜め込むようになるからです。こうした**「ないもの探し」をしている限り、人は決して幸せを感じられない**でしょう。

幸せとは、感謝から生まれるのです。

また、感謝は人間の器を大きくしてくれるものでもあります。

健康であることに感謝しているからこそ、病気になった時の苦しみにも耐え忍ぶことができる。電気の灯りに感謝できる心は、停電時にも落ち着いていられる。感謝の心は、どんな困難にも打ち勝てる、「器の大きい」人間を育てます。

生きていれば、時には感謝どころではない、大きなトラブルにも遭遇します。

しかし、そんな時こそ何事も「当たり前ではない」のだと思い出すチャンスだと捉えていただきたいと思います。

私たちは何事にも慣れてしまう生き物です。どれだけ注意していても、日々の平穏な生活の有り難さを忘れ、「当たり前」だとみなすようになる。不思議なことに、私たちが大きなトラブルに見舞われるのはそんな時です。おかげで、私たちは感謝の気持ちを取り戻すことができるのです。

「ありがたい（有り難い）」は、「難が有る」とも読めます。

これから自分に降りかかる難を受け入れ、自分が成長するきっかけと捉えましょう。**「難が無い」と書いて無難な人生など、面白くも何ともない。**そうは思いませんか。

貢献
成長
信頼
自責
感謝

First year in the workforce

第1章

社会人になったらまず覚えておいてほしいこと

序章で紹介した5つの考え方は、生きていく上でも大切な考え方で、すべての基礎になります。社会人デビューの前に押さえておいてほしいポイントです。ここからは実際に社会人になってから知っておきたいことを紹介します。

まずは、「健体・健心・健脳」この３つから、身体と心と脳が正常な状態であることの大切さから解説していきます。

First year in the workforce

健体　健康な身体がすべての基本

私が「健体・健心・健脳」という言葉を学んだのは、ある研修でのことでした。健体とは、文字通り健康な身体のこと。どんな仕事をするにも健康な身体が資本です。しかし特効薬はなく、日々の健康管理や、規則正しい生活など、地道な努力が不可欠です。

具体的には、「快眠・快飲食・快便・快呼吸」の4つを意識しましょう。ごく当たり前のことですが、これを疎かにすると健康状態はたちまち崩れ、社会人として求められる最低限のパフォーマンスすら発揮できません。

簡単にいえば、よく食べ、よく寝て、よく出す（排泄する、呼吸する）ということです。コンビニ食ばかりに頼らず、栄養バランスの良い食事を心がけましょう。睡眠は一日6〜8時間を確保。就寝前はスマホを見るのを控え、リラックスできる音楽を聴くなどすると、寝付きが良くなります。また、便通をチェックすることで自分の健康状態を把握できます。

私は整骨院の治療家です。その視点から、多くの方にぜひ意識していただきたいと思うのは、良い呼吸です。

現代人の多くは、ＰＣやスマホの操作が日常化していることで、猫背の傾向があります。姿勢が悪いと呼吸が浅くなり、全身に十分な酸素を供給できません。酸素不足は疲労感や集中力低下、ストレス増加につながる恐れがあります。

逆に、腰を立てる（立腰）ことを意識して呼吸を深くすると、酸素の吸収量が増し、全身に活力が湧いてきます。「やる気が漲《みなぎ》り、挑戦しようとしている人」の姿を思い浮かべてください。きっと、猫背の人を想像する人はいないはずです。

呼吸を整えることは、よく生きるための基本です。ビタミンやタンパク質の供給が絶たれても人間がすぐ死ぬことはありませんが、酸素は数分でも絶たれたら命にかかわるのです。私の整骨院でも、施術に腹式呼吸を取り入れています。

腹式呼吸をしながらお腹の腹圧を高める「腹部施術」という治療をすると、猫背が矯正され、呼吸がしやすくなるのです。治療家としての経験上、深い呼吸ができる人には、猫背の人もオムツのお年寄りもいません。「腹圧」に姿勢が大きく影響している証拠です。

そのほか、自律神経失調症やうつなど、メンタル面での悩みを抱えている人にも呼吸法を指導することがあります。良い呼吸を日常生活に取り入れると精神的にも安定するからです。「ストレスが溜まっているな……」と思ったら、自分で自分をケアすることも可能になります。

といっても、常に腹式呼吸でいる必要はありません。「何だか疲れたな、頭もモヤモヤするな」と思った時だけでも十分です。

例えば、帰宅してリラックスする時間を、深い呼吸にあてるのもいいでしょう。仰向けに寝転がり、鼻で大きく息を吸いながらお腹をしっかりと膨らませます。反対に、息を吐く時はお腹をへこませてください。これを、「3秒吸って、10秒吐く」のリズムで繰り返します。腹式呼吸を寝る前や朝に習慣づけると、自律神経が安定します。

健心　「ご縁」を自覚し、感謝する

「健心」とは、健全な心を指します。感謝の気持ちがその基本ですが、とりわけ「人の縁」のありがたさを自覚しましょう。

自分が今ここに生きているのは、何代にもわたって命をつないでくれた、ご先祖様のおかげです。

また、自分が今こうして働いているのも、たまたま同時代に、たまたま仕事を通じて出会った上司や同僚たち、取引先、お客様のおかげでもあります。

なかには、自分と相性が合わない人、トラブルを起こしてしまった人もいるかもしれませんが、それでも奇跡的な巡り合わせであることには変わりがない。そう思えば自然と、感謝の気持ちが湧いてくるのです。

健脳 「自分に起こることはすべて自分が決めている」と考える

「健脳」は、社会人としての「健全な考え方」を意味しています。

健全な考え方とはどのようなものでしょう。

私が大切にしているのは、「自分に起こることはすべて自分の意思による」という考え方です。たとえ現状に不満を抱いていても、そのような環境を選んだのはほかならぬ自分であり、誰のせいでもない。この**「自責」の態度がなければ、自分の人生を切り開くことはできない**でしょう。

健脳のポイントは「解釈力」です。これはぜひ、覚えておいてください。

どのような経験も、それをポジティブに解釈するか、ネガティブに解釈するかは、あなたの解釈力に委ねられています。

例えば、資格試験の勉強を頑張ったのに報われなかった。良かれと思った気遣いが、かえってお客様を怒らせ、クレームの元になった。落ち込むのは当然のことです。私だって同じ目に遭えば、その瞬間は心が傷つき、仕事に対するモチベーションも下がるかもしれません。前向きに捉えようと思っても、人にはそれぞれ思考のクセがありますから、なかなか変えられるものではありません。

そんな時は一言だけ、「ありがたいな」と口にしてみましょう。どれだけ苦しくても、心は悲鳴を上げていても、「ありがたいな」。すると、あなたの脳は「なぜならば」と、経験をポジティブに解釈し始めるでしょう。「この辛い経験にもきっと意味がある。神様からのギフトかもしれない」

私はいつも、そう解釈することにしています。

同じように、「頑張った自分が何でこんな酷い目に」と思うような出来事があれば、「頑張った自分だからこそ、誰よりも大きな成長の機会に恵まれたんだ」と解釈する。あるいは、「こんなトラブル、過去に一度もなかったのに」は、「過去に一度もなかったほどの、貴重な学びのチャンス」だと解釈する。

解釈力を身につけた人は、「無敵」だと私は思います。どんなトラブルにもめげず、折れず、それどころか、トラブルを成長の糧にできるからです。

これは、解釈力を鍛えるためのトレーニングだと思ってください。

私は新人スタッフにはよく、「ありがたいな」と手に書いておくようアドバイスをしています。新人スタッフは理不尽としか思えないことを数多く経験します。「でも」「だって」「どうせ」の他責の3Dを口にしそうになることもあるでしょう。

そんな時も、「ありがたいな」です。

「ありがたいな」が口癖になる時、あなたの心は変わり始めるのです。

感謝を養う3つの言葉

「ありがたいな」「運がいい」「おかげさまで」

感謝の心を持つこと自体は、さほど難しいことではないかもしれません。問題は、それをしばしば忘れてしまうことです。

だからこそ、「ありがたいな」という言葉を習慣づけていただきたいのですが、ほかにも、感謝の気持ちを思い出させてくれる言葉があります。

例えば、「運がいい」という言葉です。

私は、「自分には運があると思う？」と新人スタッフに問いかけることがあります。「ある」と答えられる人と、一緒に働きたいと思うからです。運の良さは自分の力でどうこうできるものではありません。「何者かに生かされる」という感謝の気持ちがなければ、運が良いという言葉は出てこないのです。

あるいは、「おかげさまで」という言葉です。

この言葉は、「自分は周りの人に恵まれている」という事実を、自覚している証拠です。私はやはり、「自分は恵まれている」と自覚している人と、一緒に働きたいと思うのです。

あおばグループの研修でも、「感謝」は教育の第一歩です。

感謝の気持ちを思い出すために、太平洋戦争中の特攻隊を扱った映像を見ることがあります。今の平和な日本は、彼らの尊い犠牲のおかげで成り立っているという事実を忘れてほしくないからです。

歴史に触れ、視野を広げることは、「今」をつくり上げてきた無数の人々との縁を、ありありと感じることでもあるのです。

研修中には、ＮＰＯ法人アジアチャイルドサポートの活動を紹介することもあります。日本を拠点にアジア諸国の子どもたちの支援を行っている非営利団体であります。私たちが豊かに暮らしている今も、途上国の貧困地域には満足な教育や医療を受けられない子どもたちがいる。その子どもたちの目には、日本での暮らしは決して「当たり前」には映らないでしょう。

それほどまでに、私たちは恵まれているのです。

あなたも、**あなたの人生を支えてくれた誰かの存在を、振り返ってみてください。**あなたがのびのびと暮らせる環境を整えてくれた大人たちの顔を、思い出しましょう。

とりわけ、両親は自分にとっての原点のようなものです。彼らがいなければ自分はこの世に存在できませんでした。さらにいえば、両親の人生もご先祖様あってのこと。10世代も遡《さかのぼ》れば、1024人ものご先祖様がいる計算が成り立ちます。自分の命は、これほど多くの人に支えられている。そう思う度、私は例えようのない感謝の念が湧いてくるのです。

メモ魔　覚えるためのメモ、忘れるためのメモ

社会人になったら、「メモ魔」になりましょう。

あおばグループの社員教育でも、最初に習慣化を促すのが、これです。上司や先輩スタッフから業務内容を教わる時、会議に参加する時、あるいは取引先との打ち合わせをする時、ノートにメモをとるのは、社会人としての基本です。

メモの目的は、第一には仕事を早く「覚える」ため、「忘れない」ためです。

「身体で覚える」といわれるように、頭で暗記しようとするよりも、指と腕を動かして書いたほうが、記憶の定着はスムーズです。またＰＣやスマホではなく、多少面倒でも、ノート上で手を動かすほうが効果的です。

もっとも、メモは「忘れる」ためにとるものでもあります。社会人として成長

するほど、むしろこちらのほうが、重要になるかもしれません。

「メモをとる」とは、頭のなかの記憶を外部に移しかえる、ということ。すると、頭のなかに、新しい情報を受け入れるだけのスペースが生まれます。

メモをとらず頭だけで覚えておこうとすると、頭のなかでいつもそのことを意識していないといけず、限りある脳のリソースを浪費することになります。これでは、目の前の仕事の効率も落ちてしまうことでしょう。

メモをとれば、いったんそのことを忘れていいのです。頭のなかをスッキリ、クリアに片づけてから、次の仕事に臨みましょう。覚えることと同じぐらい、意図的に「忘れる」ことも、仕事では大切なのです。

ただし、**「定期的にメモを読み返す」習慣をつける**ことを忘れずに。

時折メモを読み返さなければ、何をメモに残したかすら忘れてしまうからです。

例えば「その日の仕事中にとったメモは、帰りの電車のなかで読み返す」など、ルーティン化することをおすすめします。

自覚 お客様からお金をいただいて教わっている

学生と社会人の違いは、お金を払って勉強をする側かどうかで決まります。学生時代の勉強は自分がお金を払う「お客様」ですから、サボっても、わからないことがあっても、優しくケアしてもらえるでしょう。

しかし、仕事では、自分がお金をいただく側になるのです。であるからには、相応の働きをする責任が伴います。

ところが、仕事をしていると、「お客様からお金をいただいている」という事実を見失うことがあるのです。

例えば、「会社から給料をもらっている」「上司が自分の給料を決めている」という感覚に、陥りがちです。事実としてはそうなのかもしれませんが、**その給料がどこからやって来ているか、想像してください。**

元をたどれば、そのお金はあなたが勤める会社の商材やサービスの対価として、お客様が払ってくれたお金であるはずです。

「会社から給料をもらっている」という考え方により失われるのは、お客様の有り難さです。「お客様からお金をいただいている」という事実を自覚してこそ、お客様に対する感謝が生まれ、お客様本位の仕事ができるのではないでしょうか。

これは、「誰を見て仕事をしているのか」という問題でもあります。

「上司が自分の給料を決めている」と思うと、必然的に、上司の目ばかり気にして仕事をすることになります。社会の役に立つことが社会人であるならば、これでは社会人とはいえません。**社会人としてのあなたの価値を決めるのは、上司でも会社でもなく、お客様からの評価**だと心得ましょう。

仕事に関しても、お客様から学ぶことが多くあります。私たちはお金をいただきながら、仕事そのものをお客様から教わっているのです。

もちろん、お客様が具体的に業務を指導してくれるわけではありません。しかし、「もっとこうしてほしい」とリクエストされることもあるでしょうし、厳しいクレームをいただくこともあるかもしれません。

良い仕事をすればお客様の反応はポジティブなものになり、良い仕事ができなければ、お客様の反応も渋いものになるはず。その繰り返しにより、私たちは仕事を学んでいきます。

大切なのは、それを「ありがたいな」と受け止めることです。お金をいただきながら、仕事の仕方まで教えてもらえる。お客様がいてこそ、私たちは存在している。この自覚もまた、社会人マインドに欠かせないものだと、私は思います。

ただし、誤解しないでいただきたいことがあります。

「お客様は神様です」という言葉がありますが、これは「何でもお客様に従いなさい」という意味ではありません。お客様は確かに大切ですが、あるお客様を大切にするためには、別のお客様にはお引き取り願うことも、時には必要だと私は思います。

会社には固有のビジョンや理念があり、あおばグループにも、独自の治療方針、治療理念があります。しかし、なかには私たちの治療方針に不満を持たれる方もいらっしゃるのです。世の中のすべての人に患者様になっていただくのが理想かもしれませんが、限られたリソースでご対応できる人数には限りがあります。

自社が掲げる理念に共感いただける患者様を優先し、そのような患者様の輪を広げていくほうが現実的ではないでしょうか。

●高い志は、持って生まれた才能を上回る

社会人は、志を高く持って生きるべきです。漫然と、上司に言われるがまま仕事をしているうちは、仕事に対する情熱も生まれません。**自分なりの目標を持ち、仕事が「自分ごと」になって初めて、努力するべき方向性が定まり、エネルギーを最大限に活用できるようになる**のです。

整骨院でも、目の前の患者様に対して決まりきった施術を「こなす」ことで満足しているようでは、成長は頭打ちになります。

しかし、例えば「患者様を心身共に元気にすること」「あなたに施術してもらって本当に良かったと言ってもらうこと」を目標にしたら、仕事ぶりも、その結果も見違えるでしょう。

それは、どんな仕事でも同じだと思います。自分の仕事が、お客様の人生にまで影響を及ぼすのだと思うと、背筋が伸びる思いがしてきませんか。

掃除ひとつとっても、「言われた通り掃除機をかければいい」と思うのか、「この部屋を使う人をびっくりさせるくらいにキレイにしよう、気持ち良く働けるようにしてあげよう」という意識で取り組むのかで、仕上がりは全く変わるはずです。

志は、私たちの目には見えないものです。しかし目に見えない志が、目に見える現実を変える力を持っているのだと信じてください。

時には、高い志が、才能や実績を上回ることもあるでしょう。

5つの「志」 私が患者様から教わったこと

あおばグループでは、患者様に接する時は、この5つの言葉を忘れないようにと指導します。これも私たちの「志」です。

（1）人との関わりを大切にする
（2）お客様に（人に）元気と勇気と笑顔を届ける
（3）（お客様の）笑顔のために全力を尽くす
（4）（お客様に）感動を与える
（5）地域を元気に明るくする

私が開業して数年後のことです。幸いにも整骨院は繁盛し、毎日100人、

200人と患者様がひっきりなしに訪れてくれるようになりました。

ところが、あまりの混雑ぶりに、1~2時間待ちが当たり前に。腰が悪い患者様のなかには、待ち時間の間に、椅子から立ち上がれなくなる方もいたほどです。お店が繁盛するのは喜ぶべきこと。しかし、私は未熟でした。

あまりに忙しい毎日に、私は感謝の気持ちを忘れ、「作業」のように仕事をこなしていました。私を贔屓《ひいき》にしてくださっていた患者様がいらしても、「施術内容は誰がしても同じなのだから、自分でなくてもいいだろう」と、別のスタッフに任せることもありました。

ある日のことです。長い間常連だった高齢の女性の患者様が亡くなった、という報せが届きました。しばらく姿をお見かけしなかったので、気になっていました。私が施術をせずに別のスタッフに任せた日が、最後の通院となったようでした。「毎回、私の施術を楽しみにしてくださっていたのに、何てことをしてしまったのか」と思うと切なく、申し訳なく、たまらない気持ちになりました。

私にとっては一日に何十回と繰り返す、わずか10分の施術だったかもしれません。けれども、その患者様にとっての10分は、わざわざ予約の手間をとり、痛みを押してご自宅から整骨院まで移動し、1時間も2時間も待ってくださった上での大切な10分だったはず。私は、その10分を蔑ろにしてしまいました。

もし、その女性が二度とお見えにならないとわかっていたら、私が施術をしていたと思います。でも、「これが最後」なんて誰にもわかりません。

この経験を通じて、私は思い知りました。私たちにできるのは、一人ひとりの患者様を大切にし、かかわりを深めていくことだけなのだと。どのような患者様も**「一日に数百人やってくる患者様のうちの一人」ではなく、かけがえのない一人の患者様として向き合っていこう**と、その時決めたのです。


ただし、私たちが目指しているのは、患者様の痛みをとることや患部を治すことそのものではありません。治療を通じて元気になり、「今日は来て良かった」と笑顔で帰ってもらうことを目指しています。

そのための大前提は、私たち自身が元気と笑顔と勇気をお届けすることだと思っています。勇気とは生きる希望のこと。

「○○さん、大丈夫ですよ」とお声がけし、前向きな気持ちになってもらうことも、施術と同じぐらい大切です。身体の痛みは続いても、それだけで元気になる患者様がたくさんいらっしゃいます。

ありがたいのは、私たち自身も、そうした患者様からエネルギーをいただけることです。私たちが笑顔をお届けすれば、今度は患者様から笑顔を分けてもらえます。患者様が喜んでくだされば、私たちも我がことのように嬉しく感じます。

そう、**元気と笑顔と勇気は循環する**のです。この循環があるからこそ、私たちは「自分たちの仕事には価値がある」という自信を持って、良い仕事を目指せるのだと思います。

最終的には、地域そのものを元気に明るくしていくことが、私たちの目標です。

人は健康状態が悪いと、他人に優しくする心の余裕を持てません。

しかし治療を通じて元気になれば、本来の優しさを取り戻し、他人にも優しくできるはずです。そう思えば、整骨院という仕事が、地域全体に貢献できるものであることが実感できます。施術の10分は、目の前にいる患者様のみを元気にする10分ではなく、一人の患者様の幸せを通じて、地域全体に貢献できる10分。私たちは、いつもそんな思いで働いています。

謙虚さ　社会人を成長させる原動力

謙虚さとはおごることなく、素直な態度で人と接することです。それは自分の力や考えはまだ未熟であるからと、自分を疑い続ける態度から湧き出るものではないでしょうか。

謙虚さはまた、社会人を成長させる原動力でもあります。自分はまだ未熟であると理解しているからこそ、人は学び、成長しようと努力します。

裏を返すと、謙虚さを失った時に人は成長の機会を失う、ともいえます。自分が謙虚さを忘れていないか、我が身を振り返る機会を持ちたいものです。

ここでは、謙虚さを忘れた人に表れる8つのサインを紹介しましょう。

（1）時間に遅れがちになる
（2）約束を自分のほうから破りだす
（3）挨拶が雑になりだす
（4）他人の批判や会社の批判をしだす
（5）すぐに怒りだす
（6）仕事に自信がでてきて勉強しなくなる
（7）言い訳が多くなる
（8）「ありがとう」が少なくなる

私たちは、「自分のことは自分が一番よくわかっている」と思い込みがちです。しかし現実にはむしろ逆で、「私たちは恐ろしいほど自分のことがわかっていない」のではないでしょうか。「謙虚さを失っている」と指摘されても、「そんなはずはない」と否定しようとする人が大半です。

これでは、成長の機会を逃してしまいます。

謙虚さを失うと、人の話も素直に聞けなくなります。これでは、困った時誰も救いの手を差し伸べてはくれないでしょう。

ある日、あおばグループの新人スタッフが施術人数で大きな数字を上げました。彼は言いました。

「この結果はたまたまです。先輩たちの協力がなければ、この数字は無理でした」

謙虚さと、素直さにあふれた言葉に私は嬉しくなりました。しかし、先輩たちも理由なく彼を助けたいと思うのです。

おそらくは、「頑張っているこの新人を助けよう、勝たせてあげよう」と先輩に思わせる何かが、その新人にはあったのでしょう。他人が力を貸してくれるかどうかも、自分自身の心がけひとつなのです。

鉄鋼王アンドリュー・カーネギーの墓石にも「Here lies a man who was able to surround himself with men far cleverer than himself（自分よりも賢い人間を自分の周りに集める術を知る者、ここに眠る）」と刻まれています。カーネギーほどの成功者ですら、自分の成功は他人のおかげだとしているのです。

人間一人の力など限られています。大きなことを成し遂げられる人は、彼らのように、**他人の力をうまく借りられる人に違いありません。**

約束　他人だけではなく自分との約束も守る

約束を守ること。社会人として信頼されるための基本です。

しかし、他人との約束を守ることなら、多くの人ができるのです。「破ったら評価が下がる、叱られる」などのプレッシャーがあるからでしょう。

本当に重要なのは、**自分との約束を守ること**です。これが実に難しいのです。自分との約束は、破ったところで誰かに叱られることはありません。「今月は30時間、資格試験の勉強をする」と決めても、「今月は仕事が忙しいし、10時間ぐらいでいいか」などと、簡単に下方修正ができてしまいます。

自分との約束を破ると、なぜいけないか。

それは、自分が自分を信じられなくなるからです。

本当に苦しい状況に立たされた時、それでも諦めず前に進むために必要なのは、「自分ならできる」と信じられること。それが「自信」なのだと思います。

自信は、自分と約束を絶対に守ることから、ついてきます。小さな約束でも構いません。むしろ、守るのが難しいとわかっている大きな約束をして「やっぱり守れなかった」では、逆効果です。ぜひ、小さな約束を守ることから始めましょう。

例えば、「今日やると決めたことは、今日やる」などです。

誰に言われたからでもなく、「今日やる」と自分が決めたから、やるのです。そのように小さな成功体験を積み重ねると、信じられるだけの自分が育ちます。

「プロ意識」も、そのようにして育まれるものだと私は思います。

プロの定義もさまざまありますが、他人との約束を守るだけでは、プロとはいえません。自分との約束を絶対に守る人だけが、プロを名乗る資格があるのです。

こんなエピソードを聞いたことがあります。ある有名なプロバスケットボールの選手が、友人たちとバーベキュー中にふと姿を消したそうです。戻ってきた彼に聞くと、「今日の分のトレーニングをしてきたんだ」と。

整骨院でも、「毎日指圧の練習を10分やってから帰る」と決めたら、「今日はもう遅いからいいんじゃない?」と言われても、練習して帰る人間が伸びます。

知識力・説明力・技術力 3つの力を武器にする

仕事にはそれぞれ、要求される「知識力・説明力・技術力」があります。

整骨院の仕事では、治療の技術力が重んじられますが、知識力と説明力が不要なわけではありません。むしろ、**知識力と説明力があってこそ、技術力は引き立ちます。**

整骨院の仕事を例にすると、「知識力」とは、人間の身体の構造や、栄養学などを知る能力です。「なぜ、この痛みが生じているのか」「なぜ、この施術で効果が現れるのか」などを、正しい知識に基づいて解説できなければ、治療を進められません。

「説明力」とはプレゼンテーション能力のことです。患者様一人ひとりに「あなたにとって一番良いことはこれです」と納得感のある説明ができる能力のことを示します。相手を安心させるのも不安にさせるのも、言葉の選び方にかかっています。ただ知識を披露すればいいというものではありません。患者様が元気になるよう、患者様の希望となるように、言葉を尽くします。

そして「技術力」は施術能力です。身体のどの部分に対し、どんな力をどの方向にかければいいのか。知識だけがあっても、それを患者様の身体の上で表現できなければ、治療家とはいえません。


仕事を「戦い」と見るならば武器が必要です。一番の武器は「マインド」の部分だと思いますが、マインドを育てるには一定の時間がかかります。

すぐ現場に出るからには、お客様を相手にするための武器が必要です。それが、「知識力・説明力・技術力」です。これを携えず現場に出ていこうものなら、クレームの嵐でしょう。本来なら、会社が武器を授けるべきだと思いますが、それが叶わないなら、自力で武器を磨く必要があります。

「マインド」と「知識力・説明力・技術力」が揃った時こそ、鬼に金棒です。

安心と信頼「お客様商売」の基本心得

お客様商売の基本は、お客様に安心感を持ってもらい、信頼関係を築くことです。そのために、どんな仕事も本気で、かつ主体的に取り組んでいただきたいと思います。いつでも責任逃れができるよう片足だけ突っ込んで様子を見るのではなく、やるなら両足を突っ込むのです。

そのような日々の積み重ねが、社会人の価値を形成するのです。主体的に取り組めば、たとえ失敗しても「経験値」として蓄積され、のちに活かすことができるでしょう。中途半端な仕事ぶりからは、何も生まれません。

お客様の安心のためには、自分の表情、しぐさ、言い方も最大限に配慮します。何気ない言葉や態度がお客様を傷つけてしまう恐れもあります。それらはすべて、お客様の安心のために、意識的に選択されたものであるべきだと私は思います。

極論すれば、「自分の表情はお客様のためにある」――その表情、しぐさ、言い方が、どのようにお客様のためになっているのか説明ができるでしょうか？

つまり、仕事中は「ありのままの自分」ではいけない。自分が本来どのような人間であれ、お客様の前に立っている間は、お客様を最優先する「社会人」を演じられるよう、努力をしましょう。

例えば、プロの治療家を名乗るのであれば、白衣をまとい、患者様から「先生」と呼ばれる立場でいる時間は、患者様を元気づけるため、自分も元気でいるべきだろうと思うのです。たとえプライベートで悩みごとがあり、**気持ちが落ち込んでいても、笑顔は絶やさず、声もワントーン上げる**よう意識します。

本当に辛い時は、白衣を脱いでリラックスすることも必要です。でも、一度白衣を着込んだからには、「ありのまま」の自分から、プロの治療家へと変身しなければならないのです。

仮面ライダーが掛け声と共に変身するように、仕事モードのスイッチを入れるにはきっかけが必要です。私たち治療家にとっては、それが制服であるスクラブにあたります。スクラブを着たからには、表情も言葉も態度も「お客様のため」に選択する。みなさんにとっては、それがスーツかもしれません。

そんな自分だけの変身スイッチを、持つようにしてください。

~謙虚さを忘れた人に表れる8つのサイン~
(1)時間に遅れがちになる
(2)約束を自分のほうから破りだす
(3)挨拶が雑になりだす
(4)他人の批判や会社の批判をしだす
(5)すぐに怒りだす
(6)仕事に自信がでてきて勉強しなくなる
(7)言い訳が多くなる
(8)「ありがとう」が少なくなる
メモ
メモ

COLUMN コラム

コミュニケーションを意識する

人と人とをつなぐカギはコミュニケーションにあります。お客様と、会社の同僚と、取引先と、良好な人間関係を築くには、コミュニケーションを避けては通れません。誰もが、「だからコミュニケーションは大切だ」と口を揃えます。

ただ、若い社会人には、ここで小手先の技術に走らないよう、気をつけていただきたいと思います。

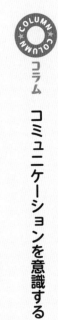

「コミュニケーションが大切だ」という話をすると、具体的に話し方や聞き方などを身につけようとする人が多いのですが、その時の視線は「自分」に向かっています。しかし、**本来コミュニケーションは「相手」主導であるべきです。**

意識するべきは、お客様の立場になって考えること、お客様のためを思うこと、お客様の喜びを真剣に考えることです。整骨院に限らず、お客様はそれぞれにお困りごとを抱えています。もし、自分がお客様の立場なら、どのように応対してもらいたいですか。まずはそこから始めましょう。

それは、どんな仕事でも同じだと思います。

もし営業の仕事なら、自分が売りたいものを売るのではなく、お客様の話を聞き、お困りごとを知り、お客様が求めているものを探すようなコミュニケーションをとる。小手先の技術は、その後についてくるものです。


「コミュニケーションが苦手」という若手が多いことは知っています。

それはその人の性格のせいもあるでしょうし、リモートワークの普及で人と対面する機会が減り、相手の気持ちや考えていることが見えにくくなったせいもあるのかもしれません。

もっとも、「コミュニケーションは得意です」と言い切る人も、案外見かけないものです。むしろ、向き不向きに囚われる必要がないのではないか、というのが私の考えです。

目を向けるなら、コミュニケーションを苦手とする「自分」ではなく、目の前にいる誰かに、向けるべきではないでしょうか。

コミュニケーションは相手を知ることから始まります。相手が何に困っているのか、こちらに何を期待しているのかなどを理解しなくては、どう接していいかわかりません。

裏を返せば、その点を理解できると、コミュニケーションは一気に深くとれるようになります。「人は自分のことを理解してくれた人に好感を持つ」といいます。自分を理解してくれるというだけで、人は心を開いてしまうのです。

みなさんにも、相手主導のコミュニケーションを意識して心の扉を開いてもらえる人になってほしいです。

COMMUNICATION

First year in the workforce

第2章

仕事とはプロとしてお金をもらうこと

みなさんは、社会に出て働くと「給料」という形でお金をもらいます。これは仕事に対する報酬であり、対価でもあります。どんな仕事であろうとも、お金をもらうということはプロフェッショナルであるということです。

この章では、プロとしてより高みを目指して成長していくために必要なマインドセットについて紹介していきます。

First year in the workforce

投資　将来の自分に向けて時間を投資する

どのような使い方をするかで、人生が大きく変わるもの。時間とお金は、その最たるものでしょう。

お金の使い方には、「消費・浪費・投資」の3種類があります。同じように、時間の使い方も、「消費・浪費・投資」に分けられそうです。

「消費」とは、生きるために「今」必要になる時間の使い方を指します。例えば、食事をしたり、入浴をしたり、睡眠をとったりする時間などがこれにあたります。私たちが健康で生産的な生活を送るため、どれも決して疎かにはできません。

「浪費」は、目的もなく時間をただ過ごし、得られる利益や価値が少ない時間の使い方だといえるでしょう。もっとも、個人の価値観にもよります。一日中ダラダラと動画投稿サイトを眺めて過ごすのを時間の無駄だと思うなら浪費になりますが、それがリラクゼーションとして必要なら、消費・回収だといえそうです。

では、投資はどうでしょう。

「投資」とは、**使った以上のものが「将来」リターンとなって返ってくる時間の使い方**です。例えば、資格試験の勉強にあてる、健康のために運動する、などが該当します。

投資はまた、すぐに見返りを得られるものではない、ともいえます。

しかし、数ヶ月単位、数年単位で見れば、プロとして成長するため、ひいてはより良い未来のため、大きなリターンをもたらしてくれるでしょう。

このうち、若い社会人に大切にしてほしいのは、「投資」です。自分にとっての「投資」とは何かを考え、そのために時間とお金を投じることです。

もちろん、何を消費とし、浪費とし、投資とするかは、人によって考え方が異なるはずです。

食事ひとつとっても、生きるために必要だから消費だ、とする人もいるでしょうし、会食によって得られる人脈がいずれ仕事にも生きるから投資だ、という人もいるはずです。前者はファストフードやサプリメントを活用して食事を早く安く済ませようとするかもしれませんし、後者は何時間、何万円を費やした食事も「見返りがある」として、無駄遣いとは思わないでしょう。

お金も同様です。飲み会に払うお金を浪費だとする人もいれば、英気を養うのに有効な投資だと考える人もいます。私も、出張先で若いスタッフとお酒を飲むことは投資だと考えるほうです。1時間でも2時間でも、集中して話ができる機会は、社員教育の点からも貴重です。

しかし、間違いなくこれは投資だといえるものがひとつだけあります。

それは自分への投資、自己投資です。時間とお金を、自分の価値向上のために使う意識を持ちましょう。

自己投資ほど、投資効果が高いものはありません。考えてもみてください。世の中のモノは、株式や、ビンテージカー、高級時計など資産性があるものは別にして、基本的には新品の状態が一番価値が高く、時間を経るごとに価値が下がっていくのが普通です。そのなかで唯一、価値が上昇し続けるのが人間です。給料が高くなっていくのも、その表れのひとつでしょう。

しかも、努力次第でその価値は天井知らずです。

時間とお金をかけて自己投資をするほど、人間としての価値が上がっていく。

特に、社会人になったばかりの頃は、価値の上昇スピードが急激です。その貴重な投資の機会を、無駄にしないでいただきたいと思います。

●プロは「安定感」と「期待を超える」ことで評価される

社会人の自己投資は何のためか。一言でいえば「プロフェッショナル」としてふさわしい自分になるためです。

あおばグループでは、プロフェッショナルについて、こう定義しています。

「娯楽や趣味の枠を超えて、その人特有の職能を発揮し、お金をもらって職責を全うする仕事人を、人はプロフェッショナルと呼ぶ」

「プロは、各々が向かい合う分野において深い知識を持ち、専門スキルを活かし、圧倒的に貢献する」

圧倒的に貢献し、圧倒的に喜ばれるには、自己投資以外にはありえません。

しかも、あなたはもうすでに、プロと呼ばれる立場にあるのです。

仮に新卒1年目、技術も経験も不十分であったとしても、お客様からお金をいただく以上は、プロとして扱われることになります。整骨院でも、一度スクラブを着込んだら、「まだアマチュアで」と謙遜している場合ではありません。

それからもうひとつ、プロであるための大前提として意識していただきたいのは、「結果が高い基準で安定している」ことです。

アマチュアならば、そのパフォーマンスにムラがあっても「たまにはそんな時もあるよね」で済むかもしれません。プロ顔負けの高いパフォーマンスを発揮する時もあれば低い時もある、それがアマチュアです。

しかしプロに求められる仕事は、そのようなものではないのです。

プロは、お客様に「○○さんに任せれば安心だ」と安心してもらう必要があります。そのためプロには、パフォーマンスのブレ幅が小さく、高い水準で安定していることが要求されます。野球選手は良い例ではないでしょうか。いくら場外ホームランをかっ飛ばすパワーがあったとしても、打率が1割以下ではプロとしてレギュラーを獲得するのは難しいに違いありません。

どんな状況でも同じパフォーマンスを発揮できるのがプロのあり方。そう考えると、技術の向上はもちろんのこと、健康管理やメンタル面でのコンディショニングにおいても最大限の努力をするのが、プロとして当然の「投資」です。

言い方を変えると、**プロには「再現性の高さ」が要求される**、ということです。

お客様は、「前回のサービス（商品）が良かった」という経験をもとに、「また同じようなサービスを受けたい」と期待し、お金を払ってくださるのです。それは個人としてもそうですし、組織としても同様です。

「前回施術したのは院長、今回施術したのは1年目の若手。サービスの質が違うのは仕方がないんです」とは、口が裂けても言えないのです。

ただし、です。お客様が期待する安定感をクリアするだけで、プロ自身が満足するわけにはいきません。プロには、お客様の期待を満たすことと同じぐらい、お客様の期待を超えることも、また必要だからです。そうでなくては、お客様の心を動かし、感動していただくことはできません。

合格点を超えるだけで「これで十分」と満足するのではなく、「もっともっと、お客様に喜んでいただきたい」と思う。これがプロの姿勢です。

それは、簡単なことではありません。

何しろ、お客様の期待感は青天井です。どれほど高いクオリティのサービスも、それが続けば「当たり前」となり、顧客満足度はだんだんと下がります。

ほんの数年前まで、通販サイトで買い物をすると、商品が発送されるのは数日後が当たり前でした。しかし、今では「即日配送」が当たり前に。発送が3日後と聞くと「遅いな」と思うほどです。

顧客満足度を上げるためには、サービスの質を上げ続け、お客様の期待を超え続けなければならない。プロであり続けるための、厳しい道のりです。

しかし、少しずつでもいいのです。例えば、10分かけて100%のサービスを提供していたのを、9分で100%のサービスを提供できるようになれば、浮いた1分をお客様とのコミュニケーションにあてられるかもしれない。**ほんの1ミリでも、自己ベストを更新していくのがプロの使命です。**

First year in the workforce

準備　安定したパフォーマンスを支えるために

そのようなプロになるためには、何が必要なのでしょう。

ひとつは、目的です。あなたは、目的を持って仕事に取り組んでいるでしょうか。自分が何のために仕事をしているのか、言葉にできますか。

アマチュアなら、「自分がしたいから、面白いから」でいいかもしれません。しかし**プロは、人のため、という使命のために生きています。**

上司に命じられたからやる、決まりだからやる、というように、目線がお客様から外れていては、プロの仕事を全うできません。

プロの仕事は、お客様ありき。人に喜ばれ、人のお役に立ち、お客様の生活の質の向上をお手伝いできてこそ、お金をいただけるのです。したがって、プロセスよりも結果を大切にするのも、プロのあり方。「目標を達成できなかったけど、

2章

頑張ったからOK」は、アマチュアならともかく、プロには許されません。

仕事に熱意を持てるのも、貴重な時間やお金を自分の成長のために投資できるのも、目的があるからです。仕事を「こなす」のではなく、目的の実現を本気で願い、そのためなら何でもやる。そのような熱意が、プロとしての高いパフォーマンスを支えています。

お客様の顔を思い浮かべて仕事をしているのも、プロの特徴です。**創意工夫し、人を喜ばせようとする思いこそが、プロ意識を身につける上での心構えです。**整骨院のように患者様が目の前にいる仕事なら、そのような思いは自然に湧いてくるかもしれません。お客様の顔が直接は見えない仕事に就いている人も、自分の仕事が誰の役に立っているのか、意識することから始めましょう。

もうひとつ、プロとして忘れてはならないのは「準備」です。

プロとして、安定したパフォーマンスを発揮するには、「その場しのぎの対応」や「思いつきの意思決定」を極力少なくする必要があります。

プロとして仕事をするからには、アマチュア以上に、緻密な計画、シミュレーション、段取りが欠かせません。

もちろん、どれだけ準備をしていても、その準備を超えた「不測の事態」に遭遇することもあります。

しかし、一日一日の仕事に備え、自分の糧にしていれば、不測の事態においても臨機応変に対応できる力が身についていることでしょう。

プロとアマとの7つの違い

プロ	アマ
みんなの幸せという使命に生きる	自分の利益を優先する
常に明確な目標に向かっている	目標が漠然としている
自己訓練を習慣化している	気まぐれで時間の概念がない
自己投資を続ける	自分の享楽にお金を使う
困難に対してできる方法を考える	できない言い訳が口に出る
自分の行為の意味を説明できる	自分の行為の意味を説明できない
他人が喜ぶ（利他）	自分が喜ぶ（利己）

自己基準　己に厳しく常に高みを目指す

人間は本能的に現状維持を好むもの、といわれます。失敗するかもしれない未知の環境に飛び込むよりも、慣れ親しんだ環境にいるほうが、ストレスがありません。しかし、プロがそれではいけない。**「このままでいいや」と現状に満足した瞬間、プロとしての成長は止まります。**

そこで大切になるのが「目標設定」です。

目標を持つメリットは、進むべき方向を見据え、「今やるべきこと」を全うするために、自分の全エネルギーを投入できること。目標がなければ、進むべき道を見失い、エネルギーのやり場もなく、したがって成長する機会も失うでしょう。

目標の立て方のコツについては138ページで詳しく触れています。

ここでは、「自分はここまでやるんだ」という基準と、高め続ける大切さに触れたいと思います。

自己基準は、クリアするごとに、あるいは自分のステージが上がるごとに更新していくべきものです。

例えば、１００の目標をクリアしたら次は１２０に、１２０をクリアしたら１５０に更新する。いつまでも１００をクリアしたところで満足していたら、１５０をクリアする実力は身につきません。

一度クリアした基準は、次からは「クリアして当たり前」になります。そしてさらに高い基準を設定して、またクリア。こうして「クリアして当たり前」の基準が上がり続けていくなかで、プロは成長していきます。

「１００メートルを15秒で走る」ことを目標としている人間と、「１００メートルを10秒台で走る」ことを目標としている人間では、努力の質も量も、そして結果もまるで違うものになることは、容易に想像がつきます。**何を自分の当たり前とするか、プロの成長はそこにかかっています。**

人によっては、ずいぶんと厳しい生き方のように思えるかもしれません。

１００メートルを15秒で走れたらそれでいい、現状に十分満足しているから無理はしたくない。それも、その人の生き方だと思います。

しかし、自分のなかに眠るポテンシャルを最大限に開花させたいと願うなら、それにふさわしい生き方があるはずです。

人生の理想のゴールは、「自分の命を全うした」と思って死ぬこと。私はそう思います。ご先祖様に与えてもらった命を、**一度きりの人生のなかで燃やし尽くさないのはもったいない**と思うのです。

そのためには、目標が必要です。人間が普通に生きているだけでは、本来持っている能力の10%も発揮できないのではないでしょうか。

私自身、開業する前は、まさか従業員数４００人以上、年間売上30億円企業の経営者になれるとは、夢にも思いませんでした。でも、ひとつずつ目標をクリアするごとに、「最初は地域で一番を目指す」「次は10店舗に拡大」「次は全国進出」と、目標を高くしていくうちに、気づけばここにたどり着いていたのです。

若い人を見ていると、「自分の限界はこんなものだ」と、自分の限界をかなり低めに設定している、と感じることがあります。

でも、その限界は、ほんの20年ほどの人生経験をもとに、「そう思い込んでいる」限界に過ぎないのではないでしょうか。

あなたには、もっともっと大きな可能性があります。**自己基準を高めていくプロセスは、その可能性の大きさを発見していくプロセスともいえます。**目標をクリアする度、「何だ、自分にもやれるじゃないか」「もう少し、やれるかもしれない」と自信をつけていくことでしょう。

継続　活躍できるまでじっと待つ時もある

ただし、自己基準を高くしていくペースは、ゆっくりであるべきです。

20歳の若者が、「40歳までに、ここまで成長したい」と目標を立てても、あまりに時間的に遠く、たどり着くまでに挫折してしまうかもしれません。

焦らず、ゆっくりと自己基準を上げていきましょう。

入社直後の実力が20だとするなら、いきなり１００を目指すのではなく、25、30、35、40……と、ゆるやかな成長曲線を描ければ、それでいい。すぐ目の前の、手の届きそうな目標をクリアし続けていると、ある時、「いつのまにこんな高みにたどり着いていたんだろう」と気がつく。人の成長というのは本来、そのぐらい「のらりくらり」でいいと思います。

ある時を境に、人が急成長することがあるのは事実です。しかし、それも「のらりくらり」の先に、やってくるものだと思います。

私がイメージするのは、飛行機の離陸です。エンジンに点火し、滑走路を走り出してからしばらくは、水平方向に加速するだけ。飛行機に乗ったことがない子どもなら、「まだ、離陸しないのかな」とヤキモキするかもしれません。

しかしある瞬間、飛行機は機首を上げ、一息に空高く飛び立つのです。

注意してほしいのは、その**「のらりくらり」の時期に、努力を諦めないこと**です。飛行機も、クリティカルポイントを迎える前に加速を緩めたら、いつまでも離陸できません。人間も同じです。クリティカルポイントを迎える前に、「これ以上努力できない」「頑張っても成果が出ない。自分にはどうせ無理だ」と諦めたら、そこで成長はストップしてしまいます。

ですが、私を含め、過去に同じ経験をした社会人の先輩たちは、理解しているのです。急成長の前には必ず、苦しい停滞の時期があるのだと。どれだけ正しい努力をしていても、それは避けがたいことです。そして、「もう嫌だ」と努力を放棄したくなる瞬間こそ、クリティカルポイントが訪れる兆しです。

あともう一歩、その苦しい瞬間を乗り越えさえすれば成長曲線は一気に上向くのだと、社会人の先輩たちは知っています。

辛い時こそ、「もうすぐ報われる」のだと信じて、努力を続けてください。

思えば、苦労なく手に入るものに大した価値はありません。

資格はわかりやすい例です。数日の勉強で取得できる資格をいくら持っていても、人生が変わるほどのインパクトは期待できません。

一方、例えば治療家になるための国家試験は、なかなか大変です。あおばグループの若手に聞いても「勉強がキツいです……」と泣きそうな顔をします。

でも、キツさはそれだけ価値あるものを学んでいる証拠。それは「筋肉痛」にも似ています。「心地いい」と感じる程度の筋トレに効果は期待できません。のちに痛みが残るほどしんどい思いをしなければ、筋肉はつかないのです。

プロになるために今の自分が何をすれば良いか。それがわかったら今すぐに行動に移して、それを継続していきましょう。

COLUMN コラム

逃げるべきクレーム、受け止めるべきクレーム

若い社会人が恐れるものに、お客様からの「クレーム」があります。お客様の意見を受け止め、謝罪する。それが基本です。しかし、社会人として成長を目指すならば、クレームに感謝する心も持ってほしいです。

整骨院でも、患者様から名指しで、「あの先生はちょっと」とクレームをいただくことがあるのですが、これも「ありがたい」と受け止めるべきです。

なぜなら、**患者様が抱えている不満には、自分や会社が成長するためのヒントが隠されていることが多い**からです。しかも、わざわざ問題点を指摘してくれる患者様は、ごく一部。大多数の患者様は「サイレントクレーム」といって、何かご不満があっても、面倒を嫌い、静かに去っていくだけです。

そうせずに、それをわざわざ伝えてくださるということは、「あなたたちに期待しているよ」というメッセージだと、受け止めるべきではないでしょうか。

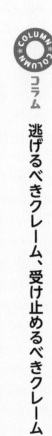

例えば、若いスタッフが、ある患者様からクレームを受けたとします。そんな時は、僕が詳しく状況を聞くことにしています。

そこで問題点が明らかになれば、アドバイスをしたり、練習に付き合うなどしたりして、改善してもらいます。そうして、もう一度、その患者様の施術を担当させるのです。「またクレームが来るかも」と怖くなるかもしれませんが、これを避けたら、成長したことにはなりません。

ただし、厳しいクレームを一人で受け止める必要はないのです。時には、上手に逃げることも大切です。例えば、施術にあたる治療者に対し、患者様が「あなたがやるの？」と不満を漏らすことがあります。過去には、こうしたシチュエーションで心が折れてしまったスタッフがいました。

これを防ぐには、周りが支えるしかないと思います。その時は、「すみません、院長」と呼び、院長に対応させるよう指導しています。

上司を頼ることと、逃げることは違います。クレームから逃げないために、そうするのです。直接クレームを受け止めるのが辛ければ、上司を通じてクレームの内容を詳しく理解し、次に現場に出るまでに改善する。これも誠実な対応です。

それに、時には酷く悪質なクレーマーもいます。それを若手が一人で抱え込む必要はありません。すみやかに上司が引き取り、会社として対応するべきです。

社会人はみな、クレームを受け止めながら成長していく。誰しもが、同じ経験をしながらお客様に学ばせてもらっているのです。

First year in the workforce

第3章

社会人として成長し続けるための心のあり方

いよいよここからは「社会人マインド」を整えるために必要な心のあり方について説明していきます。

一見、当たり前に思えるかもしれませんが、すべては成長し続けるという目的のためにつながります。一つひとつ理解して、積み上げていくことが大切ですので、考えながら自分の経験などと照らし合わせて読み進めてみてください。

First year in the workforce

心のあり方10ヶ条　社会人として望ましい心とは

本章では、社会人として成長し続けるための、心のありようを紹介します。あおばグループでは、社会人としての望ましい心のあり方を、次の10項目にまとめています。まずはこれだけでも、意識してみましょう。

（1）和の心を大切にする
（2）感謝の気持ちを持つ
（3）相手の喜びを自分の喜びとする
（4）常に明るく前向きに行動する
（5）謙虚な姿勢で物事に取り組む
（6）素直な心を持つ

（7）人のために尽くす
（8）誠実な心を持つ
（9）相手を思いやる利他の心を持つ
（10）積極的な心を持つ

まだ若いあなたが、心が人生に及ぼす影響力を実感するのは、これからかもしれません。心は目に見えないものです。他人の心はもちろんのこと、自分の心のあり方も、把握しきれるものではないのです。

だからこそ、心は恐ろしいともいえます。**人を傷つけるのも、自分の人生を壊すのも、心次第。**しかし、人生を素晴らしく輝かせるのも、心次第です。

「3人のレンガ職人」に学ぶ心のあり方

こんなお話をご存じでしょうか。

中世のとある町の建築現場で、3人の男がレンガ積みをしていました。そこを通りかかった人が、男たちに「何をしているの？」と尋ねました。

するると、1人目の男は「レンガを積んでいる」と答えました。

2人目の男は「食うために働いているのさ」と答えました。

そして3人目の男は顔を上げ、明るく答えました。

「後世に残る、町の大聖堂を建てているんだ」

3人がしているのは同じ「レンガ積み」です。一日に何個のレンガを積むのか、工期はいつまでかといった、具体的な「目標」も共通しているはずです。

違うのは「目的」です。

1人目の男には目的がありません。2人目の男は「生きるため」。3人目の男は「世の役に立つため」が目的だといえそうです。


これは、「仕事とは何か」を考えるための訓話です。

仕事をしていると、目標は人から与えてもらえることが大半です。会社に置きかえると、それはノルマや納期にあたります。

しかし、目的は他人から与えられるものではありません。それは、「自分は何のために働くのか」という問いの答えであり、自分で見出す必要があるのです。

これから何十年と続く仕事人生を、他人に与えられた目標のために「働かされる」のか、自分が見出した目的のため、主体的に「働く」のか。

この差は非常に大きなものです。

社会人として成長していくには、3人目の男がお手本になります。彼には、仕事を通じて実現したい目的があります。また、仕事を通じて世のため人のために貢献しているという手応えも感じていることでしょう。

ノルマも納期も、その目的にたどり着くために必要なこと。そう思えば、「働かされている」という思いも抱かなくて済みます。

このように、「良い仕事」は「思い」で決まります。その人の心のあり方次第で、どんな仕事にも、価値を見出すことができます。

つまり、**仕事の差は、心の差。**その違いは決定的です。

だからといって、3人目の男のように、いきなり立派な目的を持ちなさい、とは言いません。最初は、目標をクリアしていくだけでも十分ですし、目的も「社会のため」と気負わず、「自分のため」で構わないと思います。

心の法則　自ら心を開くための3つの原則

ご存じのように、人の心には「扉」があります。どんなに美しい言葉や、役に立つ言葉も、心の扉が閉じていては、その人の心には届きません。

しかし、**心の扉は内側からでないと開かないもの**でもあります。他人が無理に開けようとしたら、かえってその人は警戒し、より強く扉を閉ざすでしょう。

また、一瞬心を開いてくれた手応えが得られても、不用意な一言を口にしたら、またピシャリと心を閉ざしてしまうかもしれません。

人の心は、これほどまでに繊細です。しかし、特にサービス業はそうですが、お客様に感動してもらえる仕事をするには、お客様に心の扉を開いていただく必要があります。

整骨院では、どこがどんなふうに痛いのか、患者様からこと細かに話をしてもらわないことには適切な施術ができません。

けれども整骨院の患者様は、自分の身体を他人に預ける不安から、心が思い切り閉じているのが常です。話をするどころか、警戒心をむき出しにして、「あなたがやるの？」と言われることもあるぐらいです。


お客様に、心の扉を開いてもらいたい。

けれども、他人がこじ開けようとしたら、かえって逆効果になる。

こんな時、どうしたらいいのでしょうか。

それは、**相手が自ら扉を開けたくなるような環境を整えること**です。「この人になら心を開いても大丈夫」と思っていただけるよう、自分の心を整えるのです。

心を閉じているのは、お客様だけではなく、あなた自身も同じです。

相手が身構えているのに、自分だけ無防備になれる人はいません。

しかし、相手はお客様であり、自分はサービスの提供者。ならば、まずは自分から心を開くのです。

具体的には、次の3点を意識します。

（1）「他人のため」の表情をつくる

挨拶はもちろん自分から、大きな声で。

それから表情づくりです。社会人の表情は「他人のためにある」と考えるべきだと、私は思います。明るい表情をして生きている人は、それだけで周りの人を幸せにできます。具体的には、お客様の話に合わせて、

・笑顔でいる（口角を上げて）

・挨拶をする、人の話に対して相槌を打つ、うなずく

ことを意識しましょう。

大切なのは、口にする言葉ではなく、

「あなたの悩みを解決する万全の用意があります」

「あなたの話をしっかり理解しています」

という姿勢を、身体で伝えることです。人の話を聞く際は、「相手の3倍のエネルギー」を使うことを意識して、大きく反応しましょう。

（2）承認する・褒める

「良いことをしたから褒めるのではなく、褒めるから人は良いことをする」という考え方があります。また、大半の人は、自分が他人からどう見られているのかをいつも気にしていますし、「評価されたい、褒められたい」と思っているのです。言葉を惜しまず相手を承認し、褒めるよう心がけましょう。

・素晴らしいですね
・それは〇〇（肯定的な表現）だと私は感じます
・とても意識が高いですね

以上が、承認する言葉です。ただし、嘘やお世辞は禁物です。第一には失礼ですし、お客様にも見透かされます。知識（頭）で褒めるのではなく、感性（心）で褒めましょう。相手が喜ぶだろうと思ってマニュアル通りの心にもないことを言うのではなく、心で感じた通りに褒めることこそが大切です。

（3）共感・同調する

人は、他人に共感・同調されると安心感を抱きます。

- それは辛かったですね
- わかります
- おっしゃる通りです

相手が抱えている悩みや不安、喜怒哀楽に共感・同調する言葉を用いましょう。「それは違う」と反論したくなる意見であっても否定せず、「○○さんは、そう思ったんですね」などと受け止めます。

全般的に、自分が「話す」よりも「聞く」ほうに、重点が置かれていることがわかるでしょうか。（1）（2）（3）は、お客様の話を促す態度でもあります。「話をする」「話を聞いてもらう」うちにお客様の心の扉は開いていき、ますます多くの話を聞くことができます。お客様が抱えているお悩みも、正確に把握できることでしょう。

整骨院の施術も、まずはそうして話を聞くことから始めます。その方がなぜ整骨院にやってきたのか、どこが痛むのか、生活上どんな点が困っているのか。普通に考えたら初対面の相手に打ち明けられないような、ごく個人的なお話も、聞かせていただきます。それはお客様の心の扉が開いていくプロセスです。私たちが口を開くのはその後のことです。

「お話をたくさん聞かせていただいて、ありがとうございます。次は、私からお話してもよろしいですか」

慣れないうちは、時間がかかるかもしれません。

しかし、急がば回れのことわざもあります。心の扉を開いてもらうための手間暇を、惜しまないことです。

心のフロー理論　心に揺らぎをもたらす3つの因子

人間にとって最高のパフォーマンスを発揮する心の状態のことを、心理学者チクセント・ミハイは「フロー状態」と呼びました。

人の心にはフロー状態と、ノンフロー状態の2つがあります。フローとは、楽しい、嬉しい、機嫌がいいなど、心がポジティブに傾いている状態です。

一方、ノンフローは、苦しい、辛い、イライラする、ストレスを感じているなど、心がネガティブに傾いている状態です。

まず押さえておきたいのは、フローかノンフローかで人間としてパフォーマンスが大きく変わる、という事実です。フローに傾けば仕事上のパフォーマンスも健康状態も上向きますし、ノンフローに傾けばその逆に。これはどんな人も経験上納得がいくはず。**心をフロー状態に保つことは、幸せに生きていくため、ある**

いは社会人として成長するために、欠かせない条件だといえます。

ところが、現実はそう簡単にはいきません。私たちの心は、風に吹かれる樹々のように、フローにノンフローにと揺らいでしまいます。

心に揺らぎをもたらす因子は、主に「環境・経験・他人」の３つです。

(1) 環境

例えば天気です。晴れていれば機嫌が良く、雨だと気分が落ち込む人が、多いのではないでしょうか。

ホーム（本拠地）とアウェイ（敵地）の違いもあります。転校すると、どんなおしゃべりな子もしばらくは無口になります。それは話す能力が落ちたのではなく、環境変化で心の状態がノンフローに傾くからです。スポーツの世界でも、ホームとアウェイで勝率が変わることが知られています。同じメンバーが同じようにプレーしていても、パフォーマンスは環境からの影響を強く受けているのです。

ビジネスでも同じことが起きます。同じ仕事をしていても、配置転換をするだけでパフォーマンスが上がる社員や、下がる社員がいます。

（2）経験

「朝、遅刻した」ことが原因で、その日の夕方まで機嫌が悪いまま、という経験はありませんか。また、「株価が下がった」「夫婦ゲンカした」というだけで、一日中ノンフローから抜け出せなかったりします。

酷い場合は、何年も前のトラブルを引きずることもあります。

例えば、「昔営業先で酷く断られたことがトラウマになり、営業スキルは格段に上達しても、その営業先に限ってプレゼンに失敗する」こともあります。人間はこのように、過去のネガティブな経験に心が囚われることがしばしばあります。

（3）他人

最も強い力で私たちの心を揺さぶるのが、他人の存在です。

苦手な誰かのことを想像するだけで心はノンフロー状態に傾き、目の前の人がイライラしていれば、それが伝染して自分までイライラします。屋外のように、こちらの意思で他人を遠ざけられる環境ならまだしも、職場では限界があります。他人の影響を受けずに生きていくことを、私たちは想像すらできません。

心を養う　自分をフローに変えるための7ヶ条

「環境・経験・他人」の3つの因子は強力に、私たちの心を揺さぶります。では、私たちの心は、自分の意思ではコントロールできないのでしょうか？

いいえ、そんなことはありません。私たちは、自分の意思で心をフロー状態に変えることができます。自分の機嫌を自分でとり、周りの状況に左右されない心を養えるのです。

そのための技術を「ライフスキル」といいます。誰かに支配されることなく、自分が望む人生＝ライフを手に入れるため、ぜひとも身につけておきたいスキルです。

ポイントは次の通りです。

(1) 自分の囚われに気づく

「あ、自分は今ノンフローの状態にあるな」と自覚すると、そんな自分を客観視し、囚われから抜け出すことができます。「なぜか気が重いな」では、ノンフローが続きますが、「この気分の重さは、天気のせいだろう」とわかるだけでも、気分は格段に軽くなり、対策も講じられるかもしれません。

「今、イラッとしたな」「ドキドキしているな」。そんなふうに**自分の心をモニタリングし、フローかノンフローかを察知する**感度を高めていきましょう。

(2) 思考・表情・態度・言葉を適切に選択する

ノンフローな状態な時ほど、意識的に表情や態度や言葉遣いなどを、フローに傾ける努力をしましょう。私たちは、「心の状態が思考・表情・態度・言葉を決める」と思い込んでいますが、脳科学の研究によれば逆に、「思考・表情・態度・言葉が心の状態を強く左右する」ことがわかっています。

要は、心が明るいから明るい言葉を使うのではなく、明るい言葉を使うから、心は明るくなるのです。笑うから、楽しくなるのです。

アスリートはピンチになると、「君ならできる」「深呼吸してリラックスしよう」などと自分に語りかけることがあります。ビジネスパーソンも、大事な会議を前に、「よし、やるか！」と気合を入れたり、ネクタイを締め直したりしないでしょうか。これらは自分をフロー状態へと誘導する、その人なりの工夫です。

多くの人は、環境・経験・他人からの影響をそのまま受け、反応しているだけの状態にあります。厳しいことを言うようですが、それでは、餌をもらった犬がしっぽを振っているのと同じで、自分の意思がありません。

本来、「思考・表情・態度・言葉」は、自分の意思で選択できるのです。

(3) 過去や未来に囚われず、今を生きる

過去に起きたことは変えられないもの。そのため、意識が過去に向かうと、「ああすれば良かった、こうすれば良かった」と、ネガティブな感情が湧き起こるのが人の常です。

だからといって、未来のことばかり意識を向けるのも考えものです。いくら考えても、未来に起こることなど、誰にもわかりません。そのため、「ああなった

らどうしよう、こうなったらどうしよう」と不安ばかりが先に立ちます。

大切なのは、「今、この瞬間」に意識を向けることです。

もちろん、過去から学ぶことも、未来を見据えることも大切です。でも、それはあくまで、「今、やるべきこと」を導くための手段でしかありません。

つまり、過去も未来も、今のためにある。過去や未来に囚われている自分に気がついたら、「今、やるべきことをやろう」「今、全力でやろう」などと心で唱えましょう。

(4) 一生懸命を楽しむ

何事も、一生懸命やれば楽しくなる。私はそう考えています。

「楽しいこと」と「つまらないこと」があるのではなく、一生懸命やるからこそ、何事も楽しくなる、ということです。

お手本は子どもたちです。あるいは、子どもだった頃のあなたです。

大人からすると、「何でこんなつまらないことを?」としか思えないことに夢中になった経験はありませんか。子どもは何事も一生懸命で、時間を忘れるほど没頭します。それが「何をしても楽しい」という体験を生むのだと思います。

対照的に、あれこれと経験を積み重ねた大人は、何をするにも損得勘定が先に立ち、物事に没頭できません。「○○があるから頑張ろう」などと、理由がないと一生懸命になろうとしないのです。

あるいは、「この仕事は退屈だから」「嫌いな上司の指示だから」などと言い訳をして、一生懸命を避けようとします。これではいけない。**一生懸命になるのに理由は必要ありません。**とにかくまず、一生懸命にやってみる。その一生懸命そのものを、楽しむのです。

(5)感謝する

感謝の気持ちは、人の心にエネルギーを与え、フロー状態にします。**「ありがとう」という言葉を口にするだけで、心が活性化する**のです。

マラソンで金メダリストの、ある選手は、走れることを感謝していました。競り合っているライバルにすら感謝していたとか。これはその選手のパフォーマンスにも良い影響を与えていたはず。「こいつには負けられない」と思うと筋肉はこわばり、酸素の供給が悪くなってしまいます。

また、剣道の世界選手権で日本の大将を務めた選手も、感動、感心、感謝の「三感」を心がけていたそうです。

私は自分にこう言い聞かせています。

「ありがとう」と言う人が「ありがとう」と言われる人になる。

「ありがとう」と言う人生が「ありがとう」と言われる人生をつくる。

誰よりも自分自身の心のため、「ありがとう」の心を持ちましょう。

(6) 与える

利他の精神を持って、人に何かを「与える」こと。これも、自分の心をフロー化する力を持っています。

一般的には、人から何かを「もらう、受け取る」ほうが嬉しいのではないか、と考えられているかもしれません。

しかし、例えば誰かにあげるプレゼントを選んでいる時、プレゼントを渡した相手が喜んでいる時、そして「ありがとう」という言葉が返ってきた時の自分の気持ちを想像してください。プレゼントをもらう時と同じぐらいか、それ以上に嬉しくなるのではないでしょうか。

それに、「もらう」のは相手頼みのところがありますが、「与える」なら、自分の意思だけでできます。心がノンフローに傾いているなと思ったら、**何かをしてもらうのを待つより、自分から何かをしてあげる**、そんなつもりでいてください。

(7) ノー・エクスキューズ

環境・経験・他人に大きく左右される私たちの心。そのため、私たちは自分の心がノンフローになると、環境・経験・他人のせいにしがちです。

「自分は悪くない、○○が悪いんだ」と責任を押しつけることで、自分の心を自分で決める苦労から逃げようとします。

しかし、それは単なる「言い訳（エクスキューズ）」です。一時的に責任逃れができるだけで、心はノンフローに傾いたまま。自分で自分の機嫌をとるライフスキルを鍛える機会も失うでしょう。

結果的に、いいことがあればフローになり、悪いことが起こればノンフローになるという、他人任せの生き方を続けることになります。これでは、自分の人生の舵取りはできません。

自分の心を自分で決める生き方とは、言い訳をしない（ノー・エクスキューズ）生き方とイコールです。

ここで紹介したライフスキルを活用するためにも、ノー・エクスキューズの生き方を実践してください。

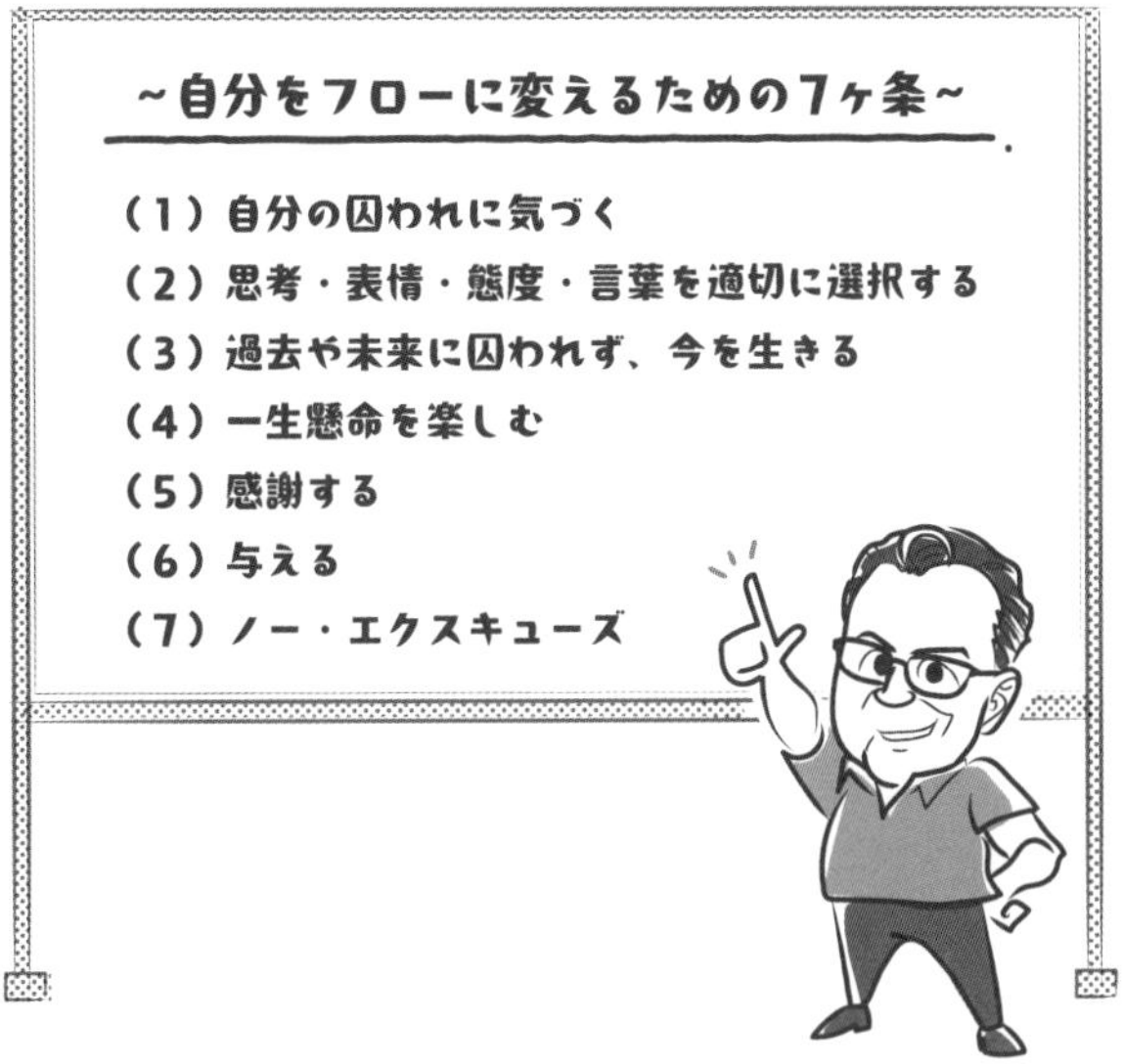

~自分をフローに変えるための7ヶ条~
（1）自分の囚われに気づく
（2）思考・表情・態度・言葉を適切に選択する
（3）過去や未来に囚われず、今を生きる
（4）一生懸命を楽しむ
（5）感謝する
（6）与える
（7）ノー・エクスキューズ

COLUMN コラム

ホスピタリティの考え方

ホスピタリティとは、思いやり、心からのおもてなしという意味です。

各社マニュアルがあるかもしれませんが、それはお客様に不快感を与えないための、最低限のルールでしかありません。

そのルールに、「心」が加わったものが、ホスピタリティです。

「ホスピタリティにはマニュアルはない」という意見もありますが、私は基本的に、**仕事にはマニュアルは必要**だと考えています。こんなプロセスを踏んでサービスをご提供する、という型があるから、迷うことなく目の前のお客様に集中できるのだと思います。

しかし、マニュアルだけでは、お客様の喜びや幸せをつくり出すことはできないのも、また事実です。

日本の芸道の世界では「守破離《しゅはり》」という言葉が用いられます。

ビジネスで置きかえると、仕事におけるマニュアルは守破離の「守」の部分です。「守」は基本的なルールや型を学び、守ること。「破」はその型を超えて自身のスタイルを見つけ出すこと。「離」は型から完全に離れ、自由自在に技を使いこなすことです。

マニュアルの応用は「破」にあたります。そしてさらにお客様を喜ばせようと、心を込めたサービスを試行錯誤するうちに「離」へと至る。これが、マニュアルを超えた、ホスピタリティであると考えます。

例えば、整骨院のマニュアル上は、患者様には待合室で待っていただくのが決まりです。しかし、腰などが悪く、座っているのも辛いようなら、ベッドに横になって待っていていただく。そのように、患者様を思いやるなかで、**時にはマニュアルを超えた対応をするのが、「心」の部分**だと思うのです。

本書の冒頭で、モノの時代からコトの時代へ、というお話をしました。商品やサービスを提供すれば価値になったモノの時代から、お客様の心を震わせる「コト」が価値になる時代へ。そこには、ホスピタリティが欠かせないのです。

~心のあり方10ヶ条~
(1) 和の心を大切にする
(2) 感謝の気持ちを持つ
(3) 相手の喜びを自分の喜びとする
(4) 常に明るく前向きに行動する
(5) 謙虚な姿勢で物事に取り組む
(6) 素直な心を持つ
(7) 人のために尽くす
(8) 誠実な心を持つ
(9) 相手を思いやる利他の心を持つ
(10) 積極的な心を持つ

First year in the workforce

第4章

より人間力を高めるために必要なこと

ここまでの章では、基本的な社会人１年目のベースを築いてもらうために必要なことについて解説してきました。

本章からは、社会人として必要な「型」を身につけることでレベルアップしていくには、ということについて紐解きます。

また、多くの先輩方から教わる時の心得などについても触れていきます。

変化対応力　朝令暮改が必要になる時

「人間力」という言葉があります。

あおばグループでは、人間力とは「自立した一人の人間として力強く生きていくための総合的な力」であり、**解釈力（物事をポジティブに捉える力）**、**他喜力（他人を喜ばせる力）**、**問題解決力**、**感謝力**、**変化対応力**の5つだと定義しています。

最近になり追加したのは、「変化対応力」です。

コロナ禍に直面し、どんな物事も変化を避けられないのだと思い知らされました。「以前はこのやり方でうまくいったのに」と文句を言う余裕はなく、自ら変わることでしか事態を改善する方法がなかったのです。

飲食店がテイクアウト中心に切り替えたのは変化対応力の良い例ですが、あおばグループも大きな変化を強いられました。

無論、痛みを伴う変化です。突然、「休業しなさい」と言われても、心情的には、「はい、休みます」と簡単に言えません。こちらにもお客様やスタッフたちの生活を守る使命があるのです。各種の助成金が出るにしても、納得いかないことがたくさんありました。

それでも変化は受け入れるしかないのです。


当時は社内で、「朝令暮改」という言葉を連発したのを覚えています。朝令暮改とは本来ネガティブなニュアンスのある言葉です。朝の命令が夕方には変わる、そんな人の言葉は信用ならないという意味ですから。

やっていることに一貫性がない、現場の人間が振り回される、そんな批判は百も承知でした。

それでも、外部環境が恐ろしいスピードで変化している最中で、「変わらない」選択をするのは自殺行為に等しい。

私は、「今は組織一丸となって、変化対応力を発揮する必要がある。だから指示に従ってほしい。すべての責任は私がとる」とスタッフに頭を下げ、理解を求めました。

もちろん、物事には変えてはいけないこともあります。

いわば、松尾芭蕉の「不易流行」の精神です。物事には、どんなに時代が変わっても変わらない「不易」の部分と、世の中の流れに合わせて変えなければならない「流行」の部分が必ずある。木で例えるなら不易は幹や根、流行は葉や花にあたります。

経営もそうです。百年企業といわれる長寿企業も、伝統を大切にする「変わらない」企業かと思いきや、そんなことはありません。

百年企業はむしろ、時代の変化に適応するために改良・改善を繰り返し、業績が良い時でさえ、「このままでいいのだろうか」と危機感を忘れなかった企業だと考えたほうがいい。

人として企業として、変えてはならない軸はそのままに、その表現の仕方は変えていく。変化対応力とはそのようなものです。

社会人のモノサシ　まずはすべてを受け入れる

成長には必ず、変化が伴います。そして変化とは、未知の世界に触れることであり、「何が起こるかわからない」不安や恐怖と隣り合わせです。

しかし、その不安や恐怖も、社会人として成長するための糧となるのです。

未知の世界に触れることを恐れないでください。

自分を畑だとするなら、未知の世界に触れることは土を耕す行為にあたります。これからどんな種（＝チャンス）を与えられるかわかりませんが、土をしっかり耕しておかなくては、どんな種も芽吹いてはくれないでしょう。

特に20代は、上司に言われた言葉も与えられた仕事も、「すべて受け入れる」ことをおすすめしたいと思います。

これはおかしい、こんな仕事はしたくない、なぜ自分は評価されないのか。こうした反論も全部飲み込み、徹底的に受け身になるのです。

時には、理不尽としか思えない経験もするでしょう。

しかし、それを**理不尽に感じるのは、あなたが学生時代そのままのモノサシ（判断基準）で物事を見ているからかもしれません。**

学生時代のモノサシではノーだったことが、社会人のモノサシではイエスになることも、少なくありません。

例えば、「これは自分がやるべき仕事ではないのでは？　もっと適任がいるはずなのに」というケース。学生時代ならともかく、これから仕事を覚えようという若い社会人なら、「ぜひ、お願いします」と受け入れる一択ではないでしょうか。社会人としてのモノサシは、社会人としての経験を積むなかで身につけていくもの。この作業が「土を耕す」ことにあたります。

多くの若者を見てきて思うのは、「人は自分の可能性を何も知らないまま社会に出てきたのだな」ということです。また、私自身の若い頃を振り返っても、自分が人生で何をなすべきか、何のために生きるのかなど、学生時代は真剣に考えたことはありませんでした。いいえ、社会人になっても、漫然と仕事をしていたら変わるチャンスを逸していたと思います。

教育者の故・森信三さんは、「人は誰でも天から封書を預かって生まれてくる。しかし、その封書を開けずに人生を終えてしまう人のなんて多いことよ」（『人生二度なし』　森信三　致知出版社　1998年）と語っています。

では、どうすればその封書を開けられるのか。

「眼の前のことに全力を尽くすこと。それ以外に自分の使命に気づく方法はない」という言葉を、幕末の思想家、吉田松陰が残しています。どこにいるかもわからない幸せの青い鳥を探すよりも、「今、ここ」を全力に生き、学び続けることです。

人間の成長とは、そのようなものだと思います。私たちは仕事を通じて、潜在能力を開花させていく。しかし言い方を変えれば、**仕事をしない限り、自分にどんな能力が潜んでいるのか、わからないのです。**

特に、経験のない仕事は敬遠したくもなるでしょう。しかし、未経験の仕事にこそ自分の潜在能力を開花させ、新しい自分と出会える可能性があります。

4章

「でも、できた」「でも、できた」「でも、できた」こんなことできないと思っていた。やれと言われたからやるほかなかった。一人では厳しいと思っていた。たくさんの人に助けてもらえた」

仕事人生は、こんなことの連続です。とりわけ20代の前半はそうです。どれだけ優秀な先輩も、社会人になりたての頃は、そういうものです。

むしろ、優秀な人ほど、自分の至らなさをよく理解しているためか、新しい経験を怖がる傾向があります。

でも、やるべきです。やる、やらないで迷う必要はありません。自分の潜在能力を開花させるためなら、「やる」以外の選択肢はないのですから。

型を学ぶ　目標設定と習慣形成の2つの型

上司や先輩から言われたことを全力でこなすだけの数年間のうちに、社会人は仕事の「型」を覚えていきます。「型」とは、こうすれば仕事がうまくいく、というパターンのようなものです。

社会人になって数年間は、自分を「型にはめる」時期だともいえます。

一般的に「型にはめる」というと、自分の頭で考えることが許されない、個性や自由が制限された、窮屈なイメージがあるかもしれません。しかし、型は初心者の学びには非常に有効な手段です。

なぜなら、型とは先人が試行錯誤してたどり着いたひとつの「最適解」だからです。「自分の頭で考える」といって、先人と同じ試行錯誤を繰り返すのは時間の無駄というものでしょう。

いずれは、自分の頭で考えなければならない段階がやってくるにせよ、そもそも経験の蓄積がないのでは、考えようにも考える材料がありません。それは、ルールも知らないままにやったことのないスポーツを遊び始めるようなものです。

「自分の頭で考える」のも、型を学んだからこそできることです。

会社でも、最初は上司や先輩のやり方をそっくり真似すべきです。

私は学生時代にバスケットボール選手だった経験を活かして、子どもたちにミニバスケットボールを指導してきました。その時も、「自分で考えろ」とは絶対に言わないことにしています。最初は、

「こうしたらパスが通るよ、相手をドリブルで抜けるよ」

「相手がこういうフォーメーションの時は、こう攻めるといいよ」

と、何をどうしたらうまくいくのかをひとつずつ、具体的に教えることから始めます。これが「型にはめる」作業にあたります。

「今はこのパターンが有効のはず」と瞬時に選択したり、自分なりにプレイを研究したりするのは、その先の作業であり、いわば応用編です。型が身についていない応用は、ただの「型崩れ」です。

●「目標設定」の型

人生に目標は欠かせないもの。高い目標を持つことで、努力するべき方向を見誤ることなく、エネルギーを最大限に活用できるからです。

また、目標を達成できた時ほど、自分の成長を実感し、深い喜びを得られる機会もありません。教育というものは本来、その成長する喜びを味わってもらうためのものだと、私は考えています。

私は、**人の成長は、どんな目標を掲げるかにかかっている**と断言したいと思います。目標がないと嘆く人もいますが、ないならつくればいいのです。

あおばグループの研修でも、最初に「理想の自分」を描くように、働きかけることにしています。これを「目標設定」の型といいます。

次に、その理想の自分になるために、どんなアクションが必要か考えてもらいます。それは資格の学校に通うことかもしれませんし、患者様とのコミュニケーション上のことかもしれません。

後はそれを紙に書き、期日を決めてやり続けるだけです。また、自分が達成したことを振り返る時間を定期的に設けて、達成度を確認します。

目標設定のポイントは次の通りです。

（1）具体的にイメージする

目標は、具体的であればあるほど効果的です。

「もっとお金を稼ぎたい」より、「50歳までに仕事をリタイヤして○○したい」「海外旅行に行きたい、大好きなイタリアに滞在したい」などのほうが具体的ですし、やる気が湧いてきます。

また、目標を具体化するプロセスを経ることで、自分が本当に望んでいるものが何なのか、より理解できます。

（2）数値化する

目標を具体化する際には、何をもって「目標を達成した」と言えるかわかるよう、数値を明確にします。

「もっとお金を稼ぎたい」よりも、「年収を1500万円にしたい」「売上を前年対比150%にしたい」「顧客のリピート率を80%にしたい」としたほうが、目標として優れています。

数値化することで、目標の達成度もわかりやすくなります。

(3) 期限を決める

目標には必ず期限が必要です。5年後に達成したいのか、10年後に達成したいのかでは、努力の質も量も変わってくるからです。

どのようなスケジュールで、どんなアクションをするのか策定し、行動計画をつくりましょう。仕事の納期（締め切り）と同じで、細かく期限を定めることで、「それまでに何とか終わらせよう」と集中力が高まるのです。

裏を返すと、期限を決めずに、「いつか達成できればいいや」とダラダラしているうちは、決して目標は達成できません。

(4) 登場人物を出す

目標達成のため、誰の助けを借りる必要があるのか、明確にします。自分だけの力を頼りにするより、他人の力も借りたほうが、目標達成は近づくからです。

また、目標達成を喜んでくれる人は誰でしょうか。その人の顔を思い浮かべると、苦しい時期も乗り越えられるかもしれません。

(5) 何のためにやるのか、目的を明確にする

目標の背後には、目的があるべきです。その目標を達成することで、あなたが本当に得たいものは何でしょうか。

例えば、お金持ちになりたいのは「家族の幸せ」のためか、「自由を手に入れる」ためか。目標は、目的を果たすための手段でしかないのです。

●「習慣形成」の型

目標を決め、実現までの行動計画を定め、今やるべきアクションを決めたら、

後はそれを淡々と実行するだけです。しかし、この段階で一番つまずく人が多いのも事実です。最大の障壁は、習慣化です。

人に能力の差はなく、あるのは習慣の差のみ。

そんな言葉があります。アメリカの心理学者ウィリアム・ジェームズが、「心が変われば行動が変わる。行動が変われば習慣が変わる。習慣が変われば人格が変わる。人格が変われば運命が変わる」と語るように、習慣が人生を決めるといっても過言ではありません。悪い習慣を身につければ人生はどんどん悪く、良い習慣を身につければ人生はどんどん良くなるのです。

しかし同時に、習慣化の難しさを私たちはよく知っています。

ダイエットなどは、その最たるものです。「毎朝ジョギングをしよう」「アルコールを控えよう」と決めたはずが、三日坊主に終わる。経験があるのは、私だけではないはずです。

なぜ、こんなにも習慣化することは難しいのでしょう。

大前提としては、人間に、「楽をしたい」という気持ち（安楽欲求）があるからではないでしょうか。新しい習慣を取り入れると、すでに慣れ親しんでいる習慣を少なからず崩すことになるため、無意識のうちに拒否してしまうのです。

そして私の経験上、**習慣化ができない最大の要因は「思い」の弱さ**です。

達成できそうにない目標、達成したいと本心では思っていない目標は、挫折しやすいのです。

逆にいえば、思いが強ければ、習慣化は成功するはず。例えばダイエットは習慣化に挫折しやすい目標の典型ですが、思いを寄せている相手に、「私は、やると決めたことはやる人が好き」と言われたら、奮起しない人がいるでしょうか。

こんな公式を覚えておいてください。

習慣＝思いの深さ×反復

反復するほど習慣化が進むのは、体験的に理解している人が多いはず。問題は思いの深さのほうです。思いの深さがないと、習慣化するまで反復することができず、苦しい時期が続きます。

逆に、思いが深ければ反復が苦になりません。
そして、思いの深さは、心の底から「なりたい」と思える理想の自分（＝目標）を思い描けるかどうかにかかっています。「私はこんな人間になりたい」「こんな人生を歩みたい」という思いを持ってこそ、反復できるのです。

目標の中身は人それぞれですが、**「本当にそれを自分がしたいのか」という問いかけに対し、イエスと答えられるかどうかが、習慣化のカギとなります。**

トップレベルのアスリートたちが安楽欲求に流されず、ハードなトレーニングを厭わないのは、常人離れした深い思いを持っているからこそでしょう。メジャーリーグで活躍中の大谷翔平選手は、高校1年生の時には、「ドラフトで8球団から1位指名を受ける」という夢を描き、マンダラチャートといわれる目標達成シートに、夢を実現するための要素を書き出したそうです。

それでもなお、習慣化ができない時は、どうしたらいいのでしょう。
私は、「その目標を達成したら誰が喜ぶか」を考えることにしています。家族のため、あるいは会社にいるスタッフのためと思うと、私は頑張れるのです。

トップアスリートもしばしば「チームのため」「応援してくれるファン」という言葉を口にします。

ボクシングの元世界ミドル級チャンピオンの村田諒太選手が、「プロになってから全然楽しくない」とインタビューで答えていました。それなのになぜ戦い続けたか。それは、ファンや、練習をサポートしてくれる人に恩返しをしたいから。自分が勝てば、みんなが喜んでくれて、自分の感謝の気持ちを伝えられるから。そんなふうに村田選手は語っていました。

おそらく人間は、「自分のため」だけでは、最大の力を出せないのだと思います。私たちの人生は、自分一人の人生ではない、ということなのでしょう。そこには使命感や責任感が働いています。**誰かのためにという使命感と目標が結びついた時、習慣化の力はより強くなる**のです。

経営者としても、それはよくわかります。

人を雇用するということは、大変な責任が伴います。大切なスタッフの人生、はてはそのスタッフの家族の人生まで背負っていると思うと、怖くなることもあります。

でも同時に、自分の身体にパワーが湧いてくるのを感じます。

結婚して子どもが生まれると人が変わることがあるように、責任感が人を変えることがあるのです。

もちろん、責任感が重荷になることもあります。しかし、誰かの存在が、思い描く自分の理想に欠かせない時、人は頑張れるのだと思います。

教育　教わる側として大切な4つの心得

社会人になってしばらくは、「教えてもらう」ばかりの人生が続きます。それは、知識も経験も足りないことを自覚し、不足分を身につける時期です。

教育の差は人生の差だと、私は思います。**教育が、その人の未来を決定づけるのです。**だからこそ教育者の責任は重いのですが、教育を受ける側にも、相応の覚悟が必要だと思います。

自分が今学んでいることが、自分の人生を決める。そのことを理解していたら教わるにあたって適切な態度があるはずです。より多くを教わり、より深く理解し、より多く実践するために、どんな態度が必要になるでしょう。

ここでも、大前提となるのは感謝の気持ちです。仕事を直接的に教えてくれる上司や先輩、間接的に仕事を教えてくれるお客様や取引先への感謝を忘れず、折に触れて「ありがとうございます」の気持ちを伝えましょう。
具体的には、まず次の4つを意識することが大切です。

(1) 自分を知る

「孫子の兵法」に「己を知り敵を知れば百戦危うからず」とあります。敵についても味方についても情勢を把握していれば百回戦っても負けることはない、という意味です。特に若い社会人は、自分に何が足りていないのか、今何を学ぶべきなのか、自覚することから始めるべきでしょう。

(2) 傾聴力を高める

傾聴力とは相手の話を聞く力のこと。人の話を素直に聞くことのできる人は成長します。しかし、漫然と聞くだけなら、学びとはいえません。

(3) インプットしたらアウトプットする

教わるということは、インプット(知識の入力)にあたります。しかし、コンピュータと違い、人間の脳は一度入力すれば確実に記憶されるわけではありません。むしろ、人間は忘れる生き物でもあります。話を聞いただけ、本を読んだだけでは、なかなか定着しないのです。

エドガーデールの学習法則をご存じでしょうか。

学習内容の定着率は「読む」だけではたった10%、「聞く」は20%、「見る」は30%、「見ながら聞く」が50%です。これが「言う」「書く」になると70%、そして「人に教える」は90%にまで達するのです。この法則は、インプットで終わらず、アウトプット（知識の出力）をすることの大切さを示唆しています。

（4）実践こそ最良の学びである

仕事の現場で実践すること以上のアウトプットはありません。実践すればするほど学びは深くなります。

逆にいえば、どれだけ多くのことを読んで、聞いて、見て学んでも、それを仕事に活かさなければ、本当の意味で理解したことにはならない、ということです。学びは、実践することで、完成するのです。

それも、**最初は何事も「学んだことをそのまま」実践する**ことをおすすめします。

教える側にとって、それは自分の経験を通じてたどり着いたひとつの成功法則であるはず。教わる側にとっても、成功の近道である可能性が高いといえます。

また、自分が大切にしている成功法則をそのまま実践してくれる人を見ると、教える側は嬉しく、「何かあったら助けてあげよう」と思うものです。教える側への感謝を伝えるつもりで、まずは「学んだことをそのまま」試しましょう。

~教わる側として大切な4つの心得~
(1) 自分を知る
(2) 傾聴力を高める
(3) インプットしたらアウトプットする
(4) 実践こそ
最良の学びである

人間繁盛は人生繁盛　人に好かれる3つのポイント

商売繁盛という言葉があるように、人間にも繁盛があると私は思います。自分のほしいモノや情報はもちろんのこと、「あなたと仕事がしたい」「あなたから商品を買いたい」と、向こうから人が集まってくる。

それが人間繁盛であり、人生の繁盛といえるのではないでしょうか。「あの人の周りには誰もいないね」と言われる人よりも、「あの人の周りにはいつも人がいるね」と言われる人を、私は羨ましく思います。

人間繁盛の第一歩は、端的に言えば「人に好かれる人になる」ことです。

社会人になると学生時代とはまた違った人付き合いが始まりますが、出会った人たちに好印象を持ってもらえればひとまず合格。さらに、「この人にまた会いたいな」と思ってもらえるなら、その先の仕事もスムーズに違いありません。

人に好かれる人は成長の機会が多く、人に好かれる人は幸せな人生を歩む。これも人生の法則です。

では、どうしたら人に好かれるのでしょう。

奇をてらう必要はひとつもないと私は思います。人間として当たり前の思いやり、優しさ、謙虚さ、感謝の気持ちを決して忘れないことです。

その上で、次のようなことを意識しましょう。

(1)「第一印象」を整える

人の印象はそれぞれですが、「誰からも好かれる」ことを重視するなら、安心感や親しみやすさを抱いてもらえる人を目指しましょう。例えるなら、「あの人なら、道を尋ねても、親切に教えてくれそうだな」と思ってもらえる人です。

人は中身が大切、しかし、「人は見た目が9割」と言われる通り、見た目(外見)の印象で判断されるのもまた事実です。

身だしなみ(服装や髪の毛や爪の手入れ)、姿勢、表情、声のトーン、すべて

においてあなたの人間性がチェックされている、と考えましょう。
あおばグループでは、次の5つをスタッフに意識するよう伝えています。

①**口角を上げる**……笑顔はすべての基本です。

②**丹田を相手に向ける**……話す相手の顔を見ないのはもちろん失礼ですが、目だけ、顔だけしか向けないのも失礼にあたり、相手に不信感を与えます。おへその下の部分にあたる丹田を相手に向けるよう意識すると、身体全体で相手と向き合うことができます。

③**背筋を伸ばす**……背筋がシャキッと伸びた姿は精悍《せいかん》で、頼りがいを感じさせます。スマホやPC作業が多いと猫背になりがち。人前に出る時は、意識して背筋を伸ばしましょう。

④**両手を使う**……モノを受け取る時、モノを渡す時は両手を添えましょう。片手でも済む行為も両手で行うと、それだけで丁寧な印象になります。

⑤**声のトーンを上げる**……低めのトーンの声は落ち着きを感じさせる一方で、聞き取りにくい、元気がなさそうなど、ネガティブな印象を与えることもあ

ります。相手に聞き取りやすく、明るさや社交性を感じさせるのは、高めのトーンの声です。

（2）「大人の言動」を心がける

言葉遣いも、外見の一部です。敬語、謙譲語、丁寧語は、相手への敬意の表れです。逆に「でも」（言い訳）や「しかし」（反論）などは、その印象通りの人間性を、相手に伝えることになってしまいます。

悪口も、少なくとも社外では厳禁です。誰がどこで話を聞いているかわかりません。お酒が入ると油断して会社や上司の悪口を言う人がいますが、それは、そこで働いている自分や、付き合いのあるお客様まで否定しているようなものです。悪口を言う人は信用されなくなります。

また、知らないことがあれば素直に「教えてください」と頭を下げ、教えてもらったら必ず「ありがとうございます」とお礼をしましょう。「聞くは一時の恥、知らぬは一生の恥」のことわざの通りです。

一時は恥ずかしい思いをするかもしれませんが、「教えてください」が言える人と言えない人とでは、成長速度に雲泥の差が出てしまいます。裏を返せば、「知っているつもり」が一番危険です。

仕事で困ったことがあれば「助けてください」とヘルプを出せる勇気を持ちましょう。どんな仕事も連携プレイで成り立っています。一人で抱え込んでミスをするより、素直に助けを求められる人が、信頼を集めます。

（3）「気遣い」を忘れない

気遣いとは、相手を気にかけることです。相手の言葉遣いや表情などから、相手の考えていることや感じていることを察知する感性を養いましょう。

人は自分の小さな変化に気づいてくれる人に好感を持ちます。助けを必要としていたら、手を差し伸ばしましょう。

気遣い上手は聞き上手です。人は、自分の話を聞いてくれる人がいると、「それだけ自分に関心を持ってもらえている」と感じます。また、聞いたことは覚えておくことです。特に、相手の好きなことは覚えておき、ゴルフが好きな人であれば、「最近のゴルフの調子はどうですか」などと話題にすると喜ばれます。電話で話す時は「普段の3倍」元気がいい声で。お互いの顔が見えない状況で意思疎通を図るには、相槌もオーバーなぐらいがいいのです。

話のわかりやすさも、気遣いの表れです。基本的に、専門用語や業界用語は伝わらないものと考え、ほかの言葉で言いかえましょう。相手を思いやり、相手の反応を観察しながら話せば、空回りは防げるはずです。

私の好きな言葉に「あとが大切」というフレーズがあります。

例えば、脱いだ靴を揃えたり、食事後に片付けやすいようにお皿を整えたり、扉の閉め方であったりと、こういったところに人間性が表れます。

別れ際というのは人間性が表れやすいです。相手の姿が見えなくなるまで気を抜いてはいけません。別れ際の言葉や行動は相手の記憶に強く残ります。

そして約束は必ず守ること。報告は素早く正確に行うこと。頼まれたことは完了後に必ず報告をしましょう。お礼も「すぐに」を習慣に。仕事ができる人は例外なくお礼が早いものです。

現在地の把握 「未来の自分」と「今」をつなげる

あるタレントAさんの言葉で、印象に残っているものがあります。

一時期は、どのテレビ番組を見ても出演しているように思えるほどの人気者だったAさん。インタビューで「めちゃくちゃ忙しいですよね?」と問われて、こんなふうに答えていました。

「正直ヘトヘトです。でも未来の自分に幸せになってもらいたいから頑張れます」

今の自分のためではなく、未来の自分のために頑張る。これはいい言葉だと感銘を受け、あおばグループのスタッフたちにも、このエピソードを話すようになりました。どんな人にも、未来はやってきます。ただ、どんな未来がやってくるのか、それは誰にもわかりません。「自分」の未来に限ってみても、今いる業界を離れる人も、結婚して家庭に入る人もいることでしょう。

しかし、未来を予想はできずとも、「その未来で、どんな自分でありたいか、いてほしいか」を思い描くことなら、できるのではないでしょうか。

どんなに小さいことも、それは人生の目標といっていいはずです。そしてどんなに小さいことも、目標を掲げて生きることが、「今、ここ」の頑張りに意味を持たせてくれます。それが未来の自分につながると思えば、今の苦労も、「目標達成のための試練」として、解釈できるようになります。

本音を言えば、今にも逃げ出したい。けれども、未来の自分が幸せになるためにそれが必要だと思えるなら、逃げ出さずにいられる。

究極的には、「死ぬ瞬間、どんな人間でありたいか」を思い描く必要があるのだと思いますが、若い人がそこまで先の未来を考える必要はないでしょう。

しかし**3年後、5年後の自分がどうなっていたいか、そんな近未来の自分のために、今という時間を使う**、という考え方は大切だと思うのです。

●「より成長する」ために辞める、という選択

若手社員がすぐ会社を辞める、という話をよく聞きます。

人間関係や、仕事内容と本人の希望とのミスマッチなど、原因はさまざまです。そして、「このまま仕事を続けていても、自分の未来につながらない。幸せになるビジョンが見えない」というのも、早期退職の原因のひとつだと思います。

退職には至らなくても、「この会社で働き続けていいのか」という自問自答が、頭をもたげることも、あるでしょう。

そんな時、「とりあえず3年は頑張りなさい」と助言するのが、年長者の役割なのかもしれません。しかし、私はそう言いたくないのです。

私自身、新卒で入社した会社をすぐに辞めた人間の一人だからです。あの時会社を辞めていなければ、今のような人生を送れていたか、自信がありません。

会社を辞めるのは悪いことでは全くない。**自分にふさわしいステージを探す場面が人生には何度もある**と思うのです。

ただし、「もう一歩だけ前に」進んでから判断してはどうか、と思います。

私はこれを数字に置きかえて話をすることがあります。

数字は1から10まで順番に並んでいて、10の前に9があるのと同じように、**充実（10）の前には苦（9）がある**といいます。筋肉痛を避けては筋肉を鍛えられないように、成長には痛みが伴うのです。

もちろん、上司のハラスメントや理不尽なブラック労働などを我慢する必要はない（我慢してはいけない）と思います。

しかし、「成長のために必要な試練」だとそれを納得できるなら、もう一歩だけ前に進み、その先にある成長を手にしてから辞めるのがいい。

せっかく、大きく成長する一歩手前にまで来ているのです。これを乗り越えたら、もしかしたら会社から「辞めないでくれ」と引き止められるぐらいに成長しているかもしれません。

どんな時に辞め、どんな時に踏ん張るといいのか。どんな退職なら、自分で納得できるのか。

最終的な決め手になるのは、**「その環境（その会社やその部署など）にいて、**

「自分が成長できるか、できないか」だと私は思っています。つまり、何のための苦労なのか。成長のためと考えられないなら、辞めるのもありです。

それは、次のステージでの活躍のため、でもあります。中途採用であおばグループに入社してきたスタッフもそうです。

基本的にみんな非常にモチベーションが高く、飛び級をするようにすぐ院長になるスタッフもいます。

彼らに前職を辞めた理由を聞くと、「成長を感じなくなったから」「この先の成長も期待できないから」と言うことが多いです。

彼らのように、「より成長するために辞める」というのも大いに結構だと思います。

First year in the workforce

第5章

成長マインドをセットアップしたその先に

最後のステップとして、ここでは発展的な内容について述べていきます。教育を受ける側から授ける側に回ることや、周りへ好影響を与えることの重要性など、みなさんが社会人２年目以降にも、より大きく羽ばたくために知っておいてほしいことが中心です。

常に成長することを、止めてはいけません。その積み重ねで立派な社会人への道が開かれます。

教学同時　教わる側から教える側へ

日本国憲法に定められた国民の三大義務といえば、勤労、納税、教育です。ご存じのように、ここでの教育とは、自分が「教育を受ける義務」ではなく、子どもたちに「教育を受けさせる義務」です。

しかし、私の解釈は少し異なります。

私たちは、自分が学んだことを次世代に伝える義務、つまり「教育する」義務も担っているのではないでしょうか。そうでなければ、あなたが生涯を閉じる時、あなたが学んだことも失われてしまうのです。

自分の学びを次世代に継承しないのは、もったいないとは思いませんか？

成長した人間は、次に教育者を目指すべき。私はそう思います。

あなたはこれからさまざまな経験を積み、知識やスキルを身につけ、豊かな人生を送ることになるでしょう。そこで得たものを独り占めにしないでください。親になれば子どもに教え、祖父母になれば孫に教えるのと同じように、社会人になれば後輩たちを指導するようになります。あなたにその気がなくても、職場に後輩たちが入ってくれれば、先輩として指導役を務めることもあるでしょう。

それを面倒に思うこともあるかもしれません。

しかし、かつてのあなたもまた、そのように先輩から教えを受け継ぐことで、成長してきたのです。

あなたの学んだことを次世代の若者に伝え、またその若者たちが次の世代を育てていく。この繰り返しで、社会は成長し、人間は繁栄してきました。この循環を担うことも、あなたの義務ではないでしょうか。

ただし、誤解のないようにしてください。

教える側に回るということは、「もう教わらなくていい、学ばなくていい」ということでは、全くありません。むしろ、**教える側に回ることで、あなたはより**

多くのことを学ぶようになるのです。

社会人1年生は、いわば「まっさら」な状態であり、先輩たちから教わる一方です。しかし、それもわずかな期間のこと。1年後には後輩たちが入ってきて、前年に教わったことを教える側に回ります。

「教師」がひとつの職業として確立されていることからもわかるように、「人に教える」のは、並大抵のことではありません。それでも教える側を経験するべきだと私が思うのは、それだけ、教える側の学びが大きいからです。

「教学同時」という言葉があります。教えることと学ぶことは同じであり、先輩・後輩や上司・部下などの立場に関係なく、教える側にも学ぶことがある。そんな意味の言葉です。

私自身、教えながら学ぶ日が今も続いています。

例えば、あおばグループの勉強会では、しばしば講師役を務めています。自分の口で話し、それを自分の耳で聞いていると、「こういうことだったのか」と、数々の気づきがあります。おそらく、自分がこれまで学んだことを客観視できるのでしょう。気づきの度に、理解がまた深くなっていく感触があるのです。

同じことが、きっとあなたにも起こります。

社会人になって最初の1年間は、何も疑わずに、「やりなさい」という上司や先輩からの言葉に従うばかりでしょう。

あれこれ考えると、学ぶ速度の邪魔をするからです。

しかし、**後輩を指導するようになると、自分が学んだことを客観視できるようになります。**「自分がこれまで学んできたことには、こんな意味があったのか」と気づくのはその時です。「親になって初めて親の気持ちがわかる」といいますが、同じことかもしれません。

●教育を諦めない、教育から逃げない

職場の先輩と後輩においては、必ず先輩の声が大きく、意見が通りやすいもの。そのため先輩は知らず知らずのうちに傲慢《ごうまん》な態度をとりがちです。教える側はこれを戒めとし、学ぶ側だった頃と同様の謙虚さを失ってはいけません。

謙虚さは、教育者としても絶対に欠かせないものです。謙虚でいることで、教育する内容をブラッシュアップし続けることができるからです。従来の教育内容をいつも疑い、学ぶ者にとってのベストを追求しましょう。あなたが学んだものに追加すべきことがあれば、追加しましょう。

また、教育を諦めないこと、教育から逃げないことも大切です。

教える側になることで一番価値がある気づきは、「どれだけ言葉を尽くしても、人は思うように動かない」ということだと私は思います。だからこそ教える内容を練り上げ、伝える力を磨こうと努力を続けられるのです。

いくら仕事を教えても後輩がその通りに動けないこともあります。「これなら自分でやったほうが早い」と教育を諦めてしまいたくなるかもしれません。それでも、教育から逃げてはいけない。

それは、長い目で見れば、後輩のためにも会社のためにも、そして自分のためにもならないのです。人によって学習速度が違うのは当たり前です。人と人を比べず、相手に合わせた方法を模索しましょう。

そうして、その人がその人として輝けるような教育を目指します。

「どの社会に出ても通用する社会人をつくる」――あおばグループの教育の根底にはそんな理想があります。そのためには、本書を通じてお伝えしてきた、社会人としての「マインド」の部分を大切にしてください。

人生や仕事の結果は、「考え方×熱意×能力」の掛け算で決まるとの言葉を、私は経営の神様ともいわれる故・稲盛和夫さんから学びました。

熱意と能力は、人それぞれ0〜100点の持ち点があります。能力の高さばかりが注目されますが、現状に満足して努力を怠る人よりも、普通の能力しかないと自覚しつつ努力した人のほうが、はるかに素晴らしい結果を残すのが、人生というものです。

ところが、考え方の持ち点は、マイナス100〜プラス100点です。考え方がマイナスだと、いくら熱意と能力が高くても掛け算の結果はマイナスです。

つまり、考え方が誤っていたら、どれだけ頑張っても人生や仕事の結果はマイナスにしかならない、ということ。熱意と能力を生かすも殺すも、考え方次第なのです。

成長への責任　小善は大悪に似たり、大善は非情に似たり

部下たちの成長を願い、支援するには、愛情も必要です。しかし、その愛情が溺愛になってはいけません。

例えば、親が子どもを甘やかすあまり、子どもが道を踏み誤ることがある。これを小善といいます。逆に、信念を持ち子どもを厳しく指導する親は、煙たがられるかもしれませんが、子どもを大きく成長させることがある。こちらは大善といいます。

同様に、職場においてもさまざまな上司・先輩がいます。

部下の意見を聞き入れる耳を持った上司のほうが、一見すると優しく感じるかもしれません。また一方では、部下の意見を聞き入れず、頭ごなしに命令してくる厳しい上司は、嫌われがちです。

しかし、本当の意味で部下のためになるのは、どちらなのでしょう。

もしかしたら、甘い上司は、信念もなく部下に迎合しているだけの上司かもしれません。反対に、厳しい上司は「たとえ嫌われても」の覚悟で教育にあたっているのかもしれません。

私には、甘い上司ほど、部下の成長に責任を持とうとしない冷たい上司に、厳しい上司ほど、部下の成長を願う優しい上司に思えてなりません。

会社でも、「上司に叱られたんです」としょげている部下がいたら、「優しい上司に恵まれているね」と慰めることにしています。逆に、「先輩が何でも許してくれる」と喜んでいる後輩がいたら、「冷たい先輩だな」と伝えます。

教育においては、時に甘さが冷たさになり、厳しさが優しさになる。

このことを肝に銘じておいてください。

●人を動かすには、まず自分から

「You can take a horse to the water, but you can't make him drink.（馬を水辺に

連れていけても水を飲ませることはできない)」というイギリスのことわざがあります。周りがどんなに機会を与えても、その人が「動こう」と思わない限りは動かないという教えです。

そのぐらい、人を動かすのは大変なのです。

自分自身を動かすよりも、他人を動かすほうが難しい。これは、社会人として成長して部下を持つようになると、誰しもがぶつかる壁です。

あなたなら、こんな時どうしますか。

連合艦隊司令長官として真珠湾攻撃を指揮した、山本五十六は、こんな言葉を残しています。

「やってみせ、言って聞かせて、させてみせ、ほめてやらねば、人は動かじ」

歴史上の偉人もまた、部下の扱いに困っていたことがわかります。

この言葉は、「人を動かしたいなら、まず自分から」という教えだと思います。

会社のなかでも同じです。上から目線で「やらせよう」と思うほど、うまくいかない。むしろ、立場が上になるほど、自分がまず動かないといけない。教える側になったからには、立ち振る舞いや言動、すべてに気を配る必要があります。なぜなら、人間は、「見て育つ」生き物だからです。オギャアと生まれてから、言葉をしゃべり始めるまで、やっていることは「大人の真似」です。**人の真似は、人の成長の原点**にあります。

人は真似ることによって成長する。ならば、人を成長させたいなら、真似されないといけない。「こうなってほしい」という姿を自分で見せないといけない。信用される人間とはこういうものだ、成長する人間とはこういうものだと、お手本を見せなければならない。教育者になるということは、「真似をされる」存在になるということでもあるのです。

部下の成長のため、自ら汗をかく。それが一番大切なことです。私は今も、トイレ掃除など、スタッフが嫌がることほど率先してやることにしています。

確かに、他人を動かすのは難しい。私たちにできるのは、自分の行動を見せることだけです。**動かない他人に腹を立てる暇があるなら、まず自分で動く。**それしかないのだと、私は思います。

競争心　伸びる人をさらに成長させる原動力

社会人の成長には「同期」の存在も欠かせないと思います。上司・先輩とも部下とも異なる、特別な関係性が、そこにはあります。

それは和気あいあいではなく、切磋琢磨の関係性です。同じ目的に向かって、時には仲間として助け合い、時にはライバルとして競い合い、スキルを高めていく。スタート地点が同じである分、お互いの成長度合いもよくわかるのです。

そこには健全な「競争心」があります。人を蹴落としてでも勝とうとしたり、相手に嫉妬し自分を卑下するような競争心とは全く違う、人を育む競争心です。

職場の外では今や、こうした競争心を発揮できる場所が少なくなっているかもしれません、学校のなかでも、子どもたちを競わせない、比べない教育が広まっています。例えば、テストの順位を公表しなかったり、マラソン大会でも、タイムよりも「楽しむ」ことに重きが置かれていたりします。

しかし本来、人には競争を求める気持ちがあると私は思うのです。それこそ、単純な「かけっこ」に子どもが夢中になるのも、かけっこが本能的な競争心を刺激するからではないでしょうか。

そして本能であるならば、大人になってからも競争心が失われることはありません。**ライバルの同期に負けたくないから頑張る、努力する。その時のエネルギーこそ、人間を成長させる原動力です。**

ならば、「あいつには負けたくない」と思えるようなライバルを、同期のなかに積極的につくりましょう。

また、スタッフ競争を促す仕組みが会社のなかにあるなら活用しましょう。あおばグループにも、そうした仕組みがあります。どの店舗にいる誰が、どのぐらいの数字を上げているのか、スタッフ全員が見られる状態になっています。

あおばグループでは毎年1人「新人賞」を選出しているのですが、受賞するのは決まって、人の数字を意識する習慣がある人間です。ライバルの数字と自分の数字を比較して、競争心をかきたてるのだと思います。

誤解してほしくないのですが、私は決して、競争で勝て、1番になれ、数字を追いかけろと言いたいのではありません。

1位になるのは1人だけですが、それ以外の人間にも競争がもたらす成果は大きいはずです。例えば、新人賞を獲れずに涙を流した人間が、その悔しさをバネにして出世していく。これも競争心の賜物ではないでしょうか。

順位にこだわる必要はありません。広い意味で、人間として成長すればそれでいいのです。技術だけでも、知識だけでも足りない。社会人としての成長が最優先です。

逆にいうと、数字ばかり追いかけていては、人間としての成長を見失います。それに、数字を上げられるかどうかは業務内容にもよるのです。例えば、営業職ならパフォーマンスを売上という数字で測るのは容易ですが、事務職の活躍ぶりは数字というモノサシでは測れません。

また、その人の数字が、その人だけの力によるものとも限りません。チームのなかに1人、大きな売上を上げられる人間がいるとしても、それはチームメンバーによるバックアップがあってこそ、というケースも多々あります。バスケットボールでも、全員がポイントゲッターではないのです。

数字を追いかける時は「チーム予算」でいいのだと私は思います。

あおばグループも、そうしています。チームとして予算を達成できればそれでOK。チーム内の誰かの数字が明らかに低くても、チーム内で求められている必要な役割を全うし、チームに貢献していれば、数字が悪くても高く評価します。

数字には表れない頑張りを評価する仕組みが、あおばグループにはあります。これは誰よりも経営者が注意するべきことですが、この仕組みづくりを誤ると、健全な競争心に裏打ちされた助け合いの組織ができないのです。

「個人数字さえ出せばいい」という態度でいると、人間的成長を疎かにしたり、ライバルとなる人間の足を引っ張ったり、数字に表れない働きをしている人間が軽んじられたりと、チーム内がギクシャクします。

会社　経営の目的と企業の存在意義

キャリアを経て社会人には余裕が生まれます。目の前の作業に忙殺されず、より広い視野が持てるようになるでしょう。企業の存在意義や、経営の目的など、より高次の「仕事」について、思いを馳せる時期だと思います。

大前提をおさらいすると、「自分のため」だけを考えていられた学生とは違い、社会人は「社会の役に立つ」ことに本分があります。

企業の存在意義も、そこにあります。私たちが社会の役に立つ活動をするための舞台となるものが、企業なのだと思います。

したがって、社会の役に立てない企業は、人々の支持を失い、衰退していく運命にあります。これは日本独特の経営のあり方かもしれません、欧米では、株主の利益を最優先とし、創業者がバイアウトして大金持ちになることも、尊敬の対象となっています。

これに対して、日本企業に象徴的なのは、「三方良し」です。これは、売り手（企業）と買い手（消費者・取引先）が満足し、世間にも貢献できるのが良い商売、とする考え方です。

欧米型と日本型、どちらが正しい、という話ではないと思います。

しかし、あなたは、どんな会社で働きたいと思いますか。

また、今働いている会社に、どうあってほしいと思いますか。私は日本人として、ここ日本で、日本人らしい経営を実践したいという思いが強いのです。欧米型経営では、株主利益が優先されるあまり、働く人の幸福が損なわれる危険があると私は考えています。

社員と、お客様を大切にしながら、社会の役に立つ。その結果、みんなを幸せにする会社こそ、真にサステナブルだと思うのです。日本に、創業から100年以上がたっている「百年企業」が多いのはその証拠でしょう。

人が幸せになるために、自分の仕事や会社がある。このことを、忘れないでください。

循環 「恩送り」と「幸せのスパイラル」

自分が受けた恩をその人に直接返すことを「恩返し」といいます。

これに対し、**受けた恩を別の人に、バトンのように手渡すことを「恩送り」といいます。**「pay forward（先払い）」といわれることもあります。

例を挙げると、「先輩が私にしてくれたことを、今度は私が後輩にしてあげよう」「先輩と食事をする時はいつもごちそうしてくれた。じゃあ、自分も後輩の分は必ず払おう」というのが恩送りです。後輩から見返りを受け取ることはないでしょう。しかし後輩もまた、後輩たちに同じことをするはずです。

受け取った恩をそのまま返す「恩返し」も大切ですが、恩返しは基本的に1対1の関係のなかで完結するもので、広がりがありません。また親や教師、上司に恩返しができるほどに成長するのは、まだ先の話になるかもしれません。

一方、**恩送りは1対1の関係を超えてどこまでも広がっていきます。**さらに、恩送りは今すぐにできることでもあります。だからこそ、恩はたくさんの人の間を巡り、社会をより良いものに変えていきます。

直接的な見返りは期待できないかもしれません。それでも、かつて自分がされて嬉しかったことを、他人にもしてあげましょう。

なぜなら、私たちもまた、恩送りによって生かされてきたからです。親や祖父母の世代は、私たちを恩送りの精神で育ててくれました。これほどの恩を、一人ひとりに返して回ることなど、到底不可能です。

しかし、恩送りならできるはずです。社会人として独り立ちをした今、自分も恩を送る側に回るのです。

教わる側が、教える側になるのも、恩送りのひとつだといえるでしょう。

私は勉強会で若いスタッフに教えながら、「君たちもすぐ教える側になるんだよ」と語りかけています。

「○ヶ月後にはみんなの後輩が入ってきます。準備はいいですか。今学んでいることを、もう一度おさらいしなさい。教科書を読み直しなさい。ただし今度は、自分で実践するのではなく、教える側として読みなさい」

すると、彼らの真剣味が変わるのです。恩の循環を止めてはいけない。それは社会人としての責任だと感じてくれるのでしょう。あなたもそうであることを私は願っています。

●半径1メートルから幸せのスパイラルをつくる

人を幸せにし、社会を幸せにし、自分も幸せになる。こうした幸せのスパイラルの起点になれる人が、社会人というものだと思います。

しかし、「みんな」が幸せにしようと思うと、私だって腰が引けます。

まずは、自分の身の回りのことだけを考えてみましょう。自分から半径1メートルの身近な人に限定して、「幸せのスパイラル」をつくるのです。

例えば、コンビニのレジに並んで買い物をする時のこと。店員さんの、「ありがとうございます」の言葉に対し、笑顔で丁寧に、「ありがとうございます」と返すのか、無言で店を出ていくのかで、まるで気分が違います。声かけひとつで、店員さんも自分も笑顔になれるのです。

こんなふうに、ごく身近な人を幸せにすることから始めてみる。ほんの小さなことで構いません。何かしてもらった時に、その人の目を見て、「ありがとうございます」と言う。笑顔も一緒に返す。それだけで、自分の周囲がふっと明るくなるのを、感じることでしょう。

コンビニの店員さんも、「さっきの人の言葉、嬉しかったな」と思うかもしれません。すると、気分が良くなった店員さんは次のお客様に、いつもより丁寧に応対するかもしれない。そのお客様も気分が良くなって、お店を出た後に、小さな「恩送り」をするかもしれない。

自分がある人に向けた、たったひとつの笑顔が、こんなにも「幸せのスパイラル」を生み出していく。

人間には、あなたが思う以上の影響力があるのです。これを使わない手はないと思います。慣れてくれば、半径1メートルを5メートルに、そして10メートルにと、影響力が届く範囲を広げていけることでしょう。

大切なのは、いつでも「自分から」始めることです。

それに影響力にはポジティブなものもあれば、ネガティブなものもあります。自分がムスッとしていると、周りもムスッとしてきます。その環境を変えたいと思うなら、まず自分が笑顔にならなくては。職場が汚れていると感じたら、自分から率先してゴミを拾ったり、整理整頓をしたりすることです。誰かのせいにして、文句ばかり言っていたら、心は荒んでいくばかりです。**幸せになりたいなら、自分から幸せの種をまくのです。**誰かが幸せのスパイラルを起こすのを待つような「他責」の態度では、いけない。「みんな」の幸せも、自分の半径1メートルの幸せから始まります。そのために動くのは、あなた自身なのです。

「目には見えない力」を信じてみる

幸せのスパイラルは、「目には見えない力」です。

感謝が生む力や、謙虚さが生む力など、本書を通して、私は多くの「目には見えない力」を紹介してきました。

若い人がピンと来ないのはわかります。しかし、私はこれらを、偉大な先人たちから学んだのです。一度試してみる価値はあります。

それに、あなただって、「目には見えない力」を頼りにしてはいませんか。

例えば、神社やお寺で手を合わせて祈る時や、思いがけない幸運に恵まれた時、人間のモノサシでは推し量れない存在を、どこかで感じているはずです。食事の前に「いただきます」と手を合わせる時も、そうです。願ったことが現実に起きた時も、「誰かが自分を見守ってくれている」と思わずにいられません。

私たちは、心のどこかで、「この世界は、目に見えない力が動かしている」と信じているところがあるのでしょう。もしかしたら、私たち日本人のＤＮＡに、そうした精神性が組み込まれているのかもしれません。

どうかあなたも信じてください。今はよくわからなくても、「あ、こういうことだったのか」と腹に落ちる時が来ます。

例えるなら、こんなイメージです。**今、あなたが経験していることは「点」に過ぎないのです。**経験を積み重ねても、しばらくのうちは点が増えていくだけで、それが何を意味するのか、読み取ることはできません。

けれども、経験を積み重ねていくと、点と点とがつながり「線」になります。さらに経験が増えると、今度は線と線とがつながって「面」になり、そこに描かれたものが見えてくる。「あ、こういうことだったのか」という気づきがもたらされるのは、そんな時です。

つまり、若いあなたが今、経験していることの意味がわかるのは、しばらく先のこと。今は「点」にしか見えなくても、そこで学びを止めないでください。点が線になり、面になるさまを見ることができるのは、そこで学びを止めなかった人間だけなのですから。

おわりに

一度きりのかけがえのない人生

時折、私にとって理想の人生のことを考えます。

あれもしたい、これもしたいという気持ちはあるのですが、今のところは、「素晴らしい人生だった」「自分の命を使い切った」という納得感を持ってこの世を去れたら、一番いいのだろうと思っています。

その納得感はどこから来るのでしょう。私の場合は、「思い出」です。それも、「人の役に立った。人の笑顔を見ることができた」という思い出です。

人は死を前にすると、走馬灯のように、それまでの人生が脳裏を駆け巡るといいます。そこに映っているのはきっと、モノではなく、思い出であるはず。高級車に乗り、広い家に住んでも、人生の満足感には、何の役にも立ちません。

とりわけ、私が見たいのは、誰かの笑顔です。そもそも自分の笑顔は、自分では見ることができないもの。誰かの笑顔が多ければ多いほど、私は、「人の役に立てた」という手応えを持って、最期を迎えられるはずです。

患者様に喜んでいただくのはもちろんのこと、私は会社でもスタッフを喜ばせたくて、海でバーベキューやビーチパーティー、山でラフティングをしたかと思えば、ふんどし姿になって水行をしたりと、おかしな行事ばかり企画しています。

言ってしまえば、人生は思い出づくりの旅路なのだと思います。

私の場合は、誰かの笑顔が最良の思い出ですが、どんなものでも思い出になりえるのではないでしょうか。

それこそ、仕事で苦労したことだって、大切な思い出です。

仕事が辛くて、泣いて、立ち直れないかと思うような挫折をした。これだって、乗り越えてしまえば、一生忘れない強烈な思い出として残るでしょう。むしろ、何のトラブルもない人生は、去年何をしたかも思い出せないような、ある意味退屈な人生かもしれません。

夢や目標があるからこそ、それを達成した時の嬉しさや、達成できなかったときの悔しさが生まれますし、自分の成長の手応えが感じられるのです。

あおばグループの若手にもよく話すのですが、「妄想」レベルの壮大な夢であっても、その夢を鮮明に思い浮べられるぐらいになると、実現に近づいていきます。そんな経験を、私は何度もしています。

例えば、札幌や沖縄に初めて出店した時のこと。当時はまだ組織が小さかったため、現地での内装の打ち合わせなども、全部私が担当していました。大変だったといえば、あんなに大変だった時期も、なかなかありません。費用を抑えるために、飛行機もホテルも格安、日帰りも珍しくありませんでした。

そんな時にも、私はあおばグループの成長を信じていたのです。いつかはプレミアムシートで出張し、立派なホテルに泊まる、グループが何倍にも拡大して、数百人ものスタッフのみんなが喜んでいる。そんな様子がカラーで目に浮かぶぐらい妄想し、「予祝」していました。予祝とは、未来の姿を思い浮かべながら、それが実現する前にお祝いをする行為のことをいいます。

それから数年後、私が思い描いたことは、すべて実現しました。

もちろん、勝手に夢が叶ったわけではありません。夢に向かって、具体的にアクションプランを立て、粘り強く努力し、スタッフみんなが成長したから実現したのです。しかし、鮮明に夢を描いていなかったら、途中で挫折していたかもしれません。

すべては、夢を見ることから始まるのです。

これからの夢だって、私にはあります。私はもう、後継者を考えなければならない時期に差し掛かっています。会社が成長を続けられるよう、必要な準備を着々と進めているところです。

目標は、65歳で経営から退くこと。でも、私の人生はそれからも続きます。私はやはり、人の成長にかかわるのが好きなのです。経営から離れても、今と同じことをするでしょう。

例えば、業界そのものを盛り上げることで、あおばグループを支えたい。社長が学ぶ「社長塾」をつくり、講師として人前に立ちたい。あるいは財団を創設して、恵まれない子どもたちを支援したい。大きな研修センターをつくり、社会人が活躍できるように後押ししたい。

これは私の「恩送り」です。日本という豊かな国に生まれ、育ててもらったこの恩を、次の世代につないでいきたいのです。本書を書いた動機も同じです。私が上の世代から教わったことを、若き社会人の成長のために、役立てたい。その一心で、本書の執筆を進めてきました。

本書からひとつでも多くのことをあなたが受け取り、それをまた次世代へとつないでくれたら、私は嬉しく思います。

2023年8月

あおばグループ代表　尾林 功二

■ 編集協力：東 雄介
■ ブックデザイン・イラスト・DTP：齋藤 稔（G-RAM inc.）
■ 校正：文字工房燦光

［著者略歴］
尾林 功二（おばやし・こうじ）
あおばグループ代表
順天堂大学卒業後、一般企業へ就職するも、鍼灸整骨院業界を志し、鍼灸マッサージ師と柔道整復師の資格を取得する。2000年あおば鍼灸整骨院を開業。自分の施術で、人の身体の痛みや辛さを取り除くことができること、人に感謝されることに喜びとやりがいを感じ、自らのスキルを向上させることに没頭する。開業後はスタッフが増えて、一緒に業界全体をより良くしようと決心し、組織づくりに邁進する。「教育こそが未来を創る」と信じて、社員教育に力を入れる。現在は、400人以上のスタッフと共に学び続け、鍼灸整骨院を通じて、地域社会の人々の健康づくりのお手伝いをしている。

社会人《しゃかいじん》1年目《ねんめ》の心《こころ》の教科書《きょうかしょ》

2023年9月1日　初版発行
2024年4月17日　第2刷発行

著　者　尾林 功二

発行者　小早川幸一郎

発　行　株式会社クロスメディア・パブリッシング
〒151-0051 東京都渋谷区千駄ヶ谷4-20-3 東栄神宮外苑ビル
https://www.cm-publishing.co.jp
◎本の内容に関するお問い合わせ先：TEL(03)5413-3140／FAX(03)5413-3141

発　売　株式会社インプレス
〒101-0051 東京都千代田区神田神保町一丁目105番地
◎乱丁本・落丁本などのお問い合わせ先：FAX(03)6837-5023
service@impress.co.jp
※古書店で購入されたものについてはお取り替えできません

印刷・製本　株式会社シナノ

　ISBN978-4-295-40870-3　C2034